**DECIFRAR
O CORPO**

Dados Internacionais de Catalogação na Publicação (CIP)
(Câmara Brasileira do Livro, SP, Brasil)

Courtine, Jean-Jacques
  Decifrar o corpo : pensar com Foucault / Jean-Jacques Courtine ; tradução de Francisco Morás. – Petrópolis, RJ : Vozes, 2013.
  Título original francês: Déchiffrer le corps : penser avec Foucault
  Bibliografia.

  4ª reimpressão, 2020.

  ISBN 978-85-326-4632-3
  1. Corpo humano – Antropologia 2. Corpo humano – História 3. Foucault, Michel, 1926-1984 – Crítica e interpretação I. Título.

13.07478   CDD-306.4

Índices para catálogo sistemático:
1. Corpo humano : História : Sociologia   306.4

Jean-Jacques Courtine

DECIFRAR O CORPO

PENSAR COM FOUCAULT

Tradução de Francisco Morás

EDITORA VOZES

Petrópolis

© 2011, Éditons Jérôme Millon
Marie-Claude Carrara et Jérôme Millon
3, place Vaucanson
F-38000 Grenoble

Título do original em francês: *Déchiffrer le corps – Penser avec Foucault*

Direitos de publicação em língua portuguesa:
2013, Editora Vozes Ltda.
Rua Frei Luís, 100
25689-900 Petrópolis, RJ
www.vozes.com.br
Brasil

Todos os direitos reservados. Nenhuma parte desta obra poderá ser reproduzida ou transmitida por qualquer forma e/ou quaisquer meios (eletrônico ou mecânico, incluindo fotocópia e gravação) ou arquivada em qualquer sistema ou banco de dados sem permissão escrita da editora.

CONSELHO EDITORIAL

Diretor
Gilberto Gonçalves Garcia

Editores
Aline dos Santos Carneiro
Edrian Josué Pasini
Marilac Loraine Oleniki
Welder Lancieri Marchini

Conselheiros
Francisco Morás
Ludovico Garmus
Teobaldo Heidemann
Volney J. Berkenbrock

Secretário executivo
João Batista Kreuch

Editoração: Maria da Conceição B. de Sousa
Diagramação: Sheilandre Desenv. Gráfico
Capa: Renan Rivero
Ilustração da capa: © Kuco | Shutterstock

ISBN 978-85-326-4632-3 (Brasil)
ISBN 978-2-84137-275-1 (França)

Editado conforme o novo acordo ortográfico.

Este livro foi composto e impresso pela Editora Vozes Ltda.

Sumário

Introdução, 7

I. Corpo, discurso, imagens – Entrevistas, 11
   A invenção do corpo, 12
   Os mal-entendidos do discurso, 19
   Os impasses da semiologia, 29
   O detetive e o semiólogo, 33
   Intericonicidade e genealogia das imagens, 41

II. Ler o corpo na Idade Clássica – Uma formação discursiva, 47
   Fisiognomonia, astrologia e medicina, 48
   Corpo, olhar, discurso: a perspectiva arqueológica, 56
   O corpo na analogia, 61
   Uma razão gráfica do corpo, 66
   Estrutura de lista, percurso do olhar, lugares de memória, 72
   Dispositivos, 78

III. Uma arqueologia da curiosidade – O teatro dos monstros no século XVIII, 81
   Monstros e maravilhas, 86
   Desmembramentos cômicos, 90
   A teatralização do disforme, 94
   A fabricação da curiosidade, 98
   Castrações burlescas, 102

O monstro das cidades e o monstro das regiões rurais, 106

Gigantes reduzidos, anões aumentados, 110

IV. A normalização dos anormais – Um dispositivo e suas transformações, 1840-1940, 115

Uma arqueologia da anomalia, 115

Exibir o anormal, 118

Ensinar a norma, 121

Voyeurismos, 123

A teratologia e o enquadramento da curiosidade, 128

Ficções e compaixão, 131

Reparar, retificar: a invenção dos *handicaps*, 137

Corpos anormais, corpos ordinários, 140

V. Dos americanos ordinários – A genealogia das imagens de Abou Ghraib, 143

Os fantasmas de Abou Ghraib, 145

O sofrimento em espetáculo, 149

A usura da compaixão, 151

Intericonicidade e memória das imagens, 154

Turistas e algozes, 159

Não pensar em nada, 163

Troféus de caça, cliques de guerra, "estranhos frutos"..., 167

A América viril, 172

Introdução

Este não é um livro sobre Foucault. Da obra do filósofo, este trabalho não pretende deter nenhuma verdade e nem ser depositário de nenhuma herança. Ao reportar-se à obra de Foucault, ele não reivindica autoridade alguma, simplesmente uma familiaridade com certos aspectos do pensamento foucaultiano. Ele tampouco se apoia em uma legitimidade disciplinar qualquer, ainda que os caminhos onde o trajeto da história cruza o da antropologia sejam os que ele se serve da forma mais natural. Ele é, portanto, mais sensível a certos aspectos do pensamento de Michel Foucault, que privilegiará, em relação a outros, que negligenciará, ou sobre os quais silenciará.

Se não é, portanto, um livro sobre Foucault; este trabalho busca ser um livro *com* Foucault, se tal gênero de livro existe. Pensar com Foucault é primeiramente reencontrar em seu ensinamento uma incitação que jamais me parece ter sido nele desmentida: aquela da liberdade de pensar, que deve se aplicar àquilo que pode ser feito hoje com a massa considerável dos escritos que ele nos legou. Quanto a mim, vejo ali um convite a fazer escolhas, a aproveitar as ocasiões de experimentar, a descobrir, dentre as que são sugeridas, as vias que permitirão avançar. Parece-me que não se pode ler Foucault sem fazer em seus confrontos aquilo que ele mesmo fez com uma constância impressionante: apostas intelectuais.

E eu já fiz aqui, portanto, a aposta de considerar que o enigma que constitui o corpo para o pensamento atravessa de parte a parte toda a problemática foucaultiana; e que, sob múltiplas modalidades, a decifração deste enigma ocupa o coração mesmo de seu pensamento filosófico, talvez tanto quanto ele o inquietava enquanto sujeito. Interrogado um belo dia sobre a "paixão do historiador" pelo "rumor infinito dos arquivos", Foucault respondeu:

> Um pesadelo me persegue desde a minha infância: tenho sob os olhos um texto que não posso ler, ou do qual somente uma ínfima parte me é decifrável; finjo ler, sei que o invento; em seguida o texto subitamente se embaralha completamente, não consigo ler mais nada, nem mesmo inventar, minha garganta se aperta e me desperto...[1]

Assumi nas páginas que vamos ler o desafio de pensar que este texto do qual quase nada é acessível, e que se apaga tão logo sua leitura é iniciada, é o corpo ele mesmo. A decifração do corpo me parece constituir a preocupação central da genealogia foucaultiana, esta "articulação do corpo e da história"; o corpo, "superfície de inscrição", ali aparece "todo impregnado de história", ao mesmo tempo "em contínua desagregação", um texto que se embaralha e desaparece: "a história arruinando o corpo", acrescenta Foucault[2]. Esta

---

1. FOUCAULT, M. "Sur les façons décrire l'histoire" [entrevista com Raymond Bellour]. Les Lettres françaises, n. 1.157, 15-21/06/1967, p. 6-9. In: *Dits et écrits*. Vol. I. Paris: Gallimard, 2001, p. 623 [Quarto, 1994].
2. "Nietzsche, la généalogie, l'histoire". Hommage à Jean Hyppolite. Paris: PUF, 1971, p. 145-172. In: FOUCAULT, M. *Dits et écrits*. Vol. I. Paris: Gallimard, 1994, p. 1.010.

perspectiva fornece seu eixo, e seu sentido, a este trabalho: discernir a impregnação profunda da história sobre o corpo, antes que ela mesma não a apague. A tarefa é, portanto, simultaneamente urgente e interminável.

*

Este livro percorre livremente, entre a Idade Clássica e a contemporânea, a história do corpo. Esta história, todavia, é outro tanto aquela dos discursos que a circundam e dos olhares que a perscrutam. Nela se encontrará objetos familiares ao universo de Michel Foucault, e outros que o são menos: médicos, na Idade Clássica, observam o rosto humano, e tendem a adivinhar nele as paixões da alma; intelectuais, nos primeiros decênios do século XIX, deciframs o corpo do monstro, e nele percebem um semelhante. Curiosos se comprimem, no Século das Luzes, para assistir ao espetáculo de um homem sem braços nem pernas, vestido à Turca, que rodopia no ar, baioneta calada, sobre o calçadão parisiense; as multidões da *Belle Époque*, à Feira do Trono, se acotovelam sobre a soleira dos museus de ceras anatômicas, que elas desertarão em breve. Soldados americanos, durante a guerra do Iraque, posam diante de prisioneiros desnudados... Ao longo deste percurso, inúmeros conceitos foucaultianos serão sistematicamente examinados: discurso, enunciado, formação discursiva, arqueologia, dispositivo, genealogia..., seu uso submetido à prova de um trabalho de natureza histórica. Sua aposta é clara, para os sujeitos que somos: descobrir a parte de história no cotidiano de nossos corpos, forjar os instrumentos que permitem compreendê-la.

Alguns dos capítulos que compõem este livro (II, III e IV) foram reescritos a partir de textos publicados anteriormente. Alguns elementos do capítulo II foram originalmente publicados em: *Corps, regard, discours* – Typologies & classifications dans les physiognomonies de l'âge classique". *Langue Française*, 74, mai./1987, p. 115-135. Do capítulo III em "Curiosités humaines, curiosité populaire – Le spectacle de la monstruosité au XVIIIe siècle". In: JACQUES-CHAQUIN, N. & HOUDARD, S. (orgs.). *Curiosité et* Libido sciendi *de la Renaissance aux Lumières*. Vol. II. Paris: ENS Éditions Fontenay/ St Cloud, 1998, p. 487-503. E do capítulo IV em "Le corps anormal". In: CORBIN, A.; COURTINE, J.-J. & VIGARELLO, G. (dir.). *Histoire du corps (XVI-XXe siècle)*. Vol. III. Paris: Le Seuil, 2006, p. 201-262 ["L'univers historique"] [os três volumes desta série foram traduzidos pela Editora Vozes, 2008]. Todos foram problematizados, completados e reescritos na perspectiva deste livro. Os capítulos I e V são inéditos. O capítulo I foi composto a partir de um conjunto de entrevistas realizadas por universitários brasileiros entre 2005 e 2009: gostaria de agradecer aqui a Cleudemar Alves Fernandes, Nilton Milanez, Carlos Piovesani e Vanice Sargentini. A composição do conjunto sob forma de entrevista única é de minha inteira responsabilidade.

I
CORPO, DISCURSO, IMAGENS
Entrevistas

Q. – *Talvez pudéssemos proceder assim: examinar, um após outro, os diferentes objetos – o corpo, o discurso, as imagens – ao redor dos quais se centraram os desenvolvimentos de vosso trabalho, e examinar aquilo que religa cada um deles ao pensamento de Michel Foucault. E, portanto, iniciar esta entrevista interrogando aquilo que, não obstante tudo, permanece o objeto central destas páginas: o corpo humano. Como a necessidade surgiu e se concretizou de fazer dele a história? E que papel o pensamento de Michel Foucault ali exerceu?*

A questão da emergência do corpo como objeto de discurso coloca um problema familiar àqueles que se consagram ao estudo histórico dos saberes. Poder-se-ia efetivamente aplicar a este último aquilo que Foucault diz da genealogia nietzscheana: que ela é "cinzenta" e "meticulosa", já que ela exige o exame lento, minucioso e paciente de um amontoado considerável de materiais discursivos. Mas que é necessário, no entanto, no coração mesmo da repetição fatigante dos enunciados, manter-se sensível à irrupção repentina de objetos discursivos inéditos, nas bifurcações inesperadas do regime de enunciação ele mesmo, breve, como o diz Deleuze observando Foucault em sua atividade de leitor: que convém manter-se "atento ao desconhecido que bate à porta"[1].

A invenção do corpo

É nestes termos que me parece situar-se a aparição da questão do corpo no campo da história, e mais geralmente naquele das ciências humanas. Pois o corpo, um belo dia, veio bater à porta. E Foucault é um daqueles, aquele talvez, que mais a escancarou. O corpo, de fato, é uma invenção teórica recente: antes da virada do século XX, ele não exercia senão um papel secundário na cena do teatro filosófico onde, desde Descartes, a alma parecia exercer o papel principal. Ainda que se deva desconfiar dessa ideia, largamente difundida ainda, de uma ausência ou de uma censura antiga ao corpo, cuja obra de Foucault toda inteira constitui precisamente o desmentido. Pois, se o corpo pôde permanecer uma preocupação secundária no seio das correntes racionalistas e espiritualistas que dominaram a cena do teatro filosófico na França até o século XIX, o mesmo não se pode evidentemente afirmar no campo da medicina e das ciências naturais. Tanto menos, aliás, no seio dos múltiplos dispositivos que vigiavam à época a tarefa disciplinar dos corpos em uma miríade de instituições curativas, educativas e reeducativas. A surpresa ressentida à aparição repentina do corpo nas ciências humanas se explica, pois, em parte por sua indiferença às preocupações e aos objetos das ciências da vida, assim como por seu distan-

---

1. DELEUZE, G. "Qu'est-ce qu'un dispositif?" *Michel Foucault philosophe*. Paris: Le Seuil, 1989, p. 191 [Des travaux].

ciamento dos objetivos práticos e políticos dos quais o corpo era o alvo, o terreno, e a "bola da vez" na vida social.

A verdade é que o despontar do corpo como objeto de saber data da virada do século. Como o sugere Merleau-Ponty, "para muitos pensadores, no final do século XIX, o corpo era um pedaço de matéria, um feixe de mecanismos. O século XX restaurou e aprofundou a questão da carne, isto é, a questão do corpo animado"[2]. Visto que o século XX, de fato, teoricamente inventou o corpo. Não vou repetir aqui uma história que esbocei alhures[3]. Contentar-me-ei em lembrar que esta invenção emergiu primeiramente da psicanálise, quando Freud soube mostrar, em seus *Estudos sobre a histeria* (1895), que dependia do inconsciente falar através do corpo. Mas também do campo filosófico ele mesmo, na ideia que Edmund Husserl se fazia do corpo como berço original de toda significação, que levou Merleau-Ponty a ali ver a encarnação da consciência, a "âncora do mundo"[4]. E enfim daquele da antropologia, quando Marcel Mauss se impressiona, durante a Primeira Guerra Mundial, com a estranha maneira que tinham a seus olhos os soldados britânicos de marchar ou de cavar trincheiras, em seguida registrando sua surpresa em seu ensaio fundador sobre as "técnicas do corpo"[5]. Portanto, é

---

2. MERLEAU-PONTY, M. *Signes*. Paris: NRF/Gallimard, p. 287.
3. COURTINE, J.J. "The Body in Contemporary French Thought". In: KRITZMAN, L.D. (org.). *The Columbia History of Twentieth-Century Thought*. Nova York: Columbia University Press, 2005, p. 165-168.
4. MERLEAU-PONTY, M. *Phénoménologie de la perception*. Paris: Gallimard, 1945, p. 7.
5. MAUSS, M. "Les techniques du corps". *Sociologie et anthropologie*. Paris: PUF, 1950 [1934].

desta forma que o corpo foi religado ao inconsciente, colado ao sujeito e inscrito nas formas sociais da cultura.

O momento de seu acontecimento teórico, no entanto, ainda não era chegado. Por duas espécies de razões: primeiramente porque os avanços de um pensamento do corpo na primeira metade do século se defrontaram com a existência de um fundo normativo antigo que vinha lembrar as exigências disciplinares às quais o corpo devia ser submetido, e àquelas de instituições que velavam para que ele se mantivesse como tal. Se, por um lado, começou-se a perceber os murmúrios da carne nas ciências do homem, por outro sempre houve grande aplicação em silenciá-los no ordinário das rotinas familiares, escolares ou militares. E quando estas normas de controle social tendiam a atenuar-se progressivamente nos anos de 1950 e 1960, o reconhecimento do corpo como objeto de discurso encontrou outro obstáculo, teórico desta vez: não havia para ele nenhum interstício onde se alojar na junção compacta de marxismo, de psicanálise e de linguística que iria recobrir o campo das humanidades até os anos de 1970. Nenhum lugar para o corpo na ideologia, seus aparelhos de Estado e suas estruturas discursivas pensadas sobre o modelo da língua: o pensamento crítico, que havia feito disso seu único objeto, permanecia cego àquilo que do poder não era parte recebedora do aparelho de Estado, que funcionava abaixo ou bem ao lado dele, em nível realmente mais difuso, cotidiano e banal daquilo que Foucault compreenderá como os "micropoderes" que se exercem na parte mais tênue, nos detalhes mais íntimos do organismo humano. Ocasião malograda, sem sombra de dúvida: teria sido de grande proveito para a análise marxista das formas materiais de dominação se desviar um instante de sua obsessão pela linguagem para dedicar-se à análise – provavelmente bem mais "materialista", em suma – da influência que o poder exerce sobre o corpo. "É no estudo dos mecanismos de poder que investiram contra o corpo, os gestos, os comportamentos, que urge edificar a arqueologia das ciências humanas"[6], propunha, no entanto, o programa de trabalho que traçara no mesmo momento histórico Michel Foucault.

As razões da repentina irrupção do corpo nas ciências do homem devem ser buscadas, portanto, alhures, nas transformações políticas e nas mutações sociais dos anos de 1960 e 1970. "Nosso corpo nos pertence!": nesta palavra de ordem na qual se reconheceram então aquelas que denominaríamos hoje minorias de gênero, de orientação sexual ou de origem, o corpo começou a exercer suas primeiríssimas funções. Já que dos movimentos individualistas e igualitários de contestação das hierarquias políticas, culturais e sociais herdados do passado, "é inicialmente um grito que adveio, e com ele o corpo", confessa um dia Antoinette Fouque, uma das fundadoras do Movimento de Libertação das Mulheres[7]. O corpo, sem dúvida, não sustentou as promessas de revolução das quais se podia então esperá-lo portador. Mas sem dúvida alguma ele conservou as lutas sociais e as aspirações individuais deste momento histórico de impressão profunda de funções sexuadas, de rastos de origens sociais ou étnicas que doravante

---

6. "Pouvoir et corps". *Quel Corps?*, n. 2, set./1975, p. 5.
7. "Femmes en mouvement: hier, aujourd'hui, demain". *Lé Débat*, mai-ago./1988, p. 126.

não saberiam mais ser apagadas. O efeito destes debates revelou-se decisivo quanto à "invenção" do corpo nas ciências humanas: deste modo, e para nos atermos aqui ao trabalho de Michel Foucault, a transformação que ali se produziu na virada dos anos de 1970, quando ele vai substituir sempre mais claramente uma genealogia dos poderes que se exercem sobre a carne por uma arqueologia dos extratos discursivos onde se formam os saberes. Já que é realmente no pensamento de Foucault que o corpo iria verdadeiramente aceder ao estatuto de objeto de pleno direito, quando ele mostra como, em *Vigiar e punir*, a generalização dos encarceramentos e a sistematização das disciplinas haviam feito do corpo o alvo essencial de uma tecnologia política, de uma "microfísica" do poder. "Mas o corpo é também diretamente mergulhado num campo político; as relações de poder operam sobre ele uma influência imediata; elas investem contra ele, o marcam, o adestram, o supliciam, o constrangem a trabalhos, o obrigam a cerimônias, cobram dele signos"[8]. Existe, a este respeito, um preconceito tenaz a dissipar, nascido do efeito produzido pela potência narrativa de *Vigiar e punir*, acoplada às expectativas de todos aqueles que em toda parte desconfiavam então do embargo do poder: Michel não seria senão o cronista da história punitiva de um corpo reprimido. Mas o poder seria realmente frágil, se ele não se exercesse senão de maneira negativa: "A noção de repressão à qual se reduz em geral os mecanismos do poder me parece bastante insuficiente e perigosa"[9], advertia ele à ocasião. Se o poder é forte, é porque

---

8. *Surveiller et punir*. Paris: Gallimard, 1975, p. 30 [*Vigiar e punir*. Petrópolis: Vozes].
9. "Pouvoir et corps". Op. cit., p. 3.

ele produz em igual medida aquilo que ele proíbe. E, obviamente, "o" poder – mas do que se trata? Quase não conhecemos, historicamente, senão "os" poderes – investiu contra o corpo, mas, "na linha mesma de suas conquistas, emerge inevitavelmente a reivindicação do corpo contra o poder, da saúde contra a economia, do prazer contra as normas morais [...]. E, desse fato, a razão pela qual o poder era forte se torna a razão pela qual o poder é atacado. O poder se antecipou no corpo, ele se encontra exposto no corpo mesmo"[10].

É, portanto, em grande parte à obra foucaultiana que se deve o enraizamento inicial do corpo no discurso das ciências humanas. O primeiro mérito de Foucault, que o subscrevamos ou não à sua concepção das coerções que se exercem sobre a carne, é o de ter firmemente inscrito estas coerções no horizonte histórico de longa duração. Mas ele teria também acompanhado algumas das transformações ulteriores da apreensão do corpo pelo sujeito moderno. Para além de *Vigiar e punir* efetivamente, naquela que devia ser a última fase de seu trabalho, ele soube se desviar de uma concepção do poder como técnica de dominação, para discernir a maneira com a qual os indivíduos chegam a exercer sobre seu próprio corpo "técnicas de sua natureza", no uso dos prazeres e das paixões. O surgimento do corpo na história das mentalidades, a redescoberta da importância do controle de si no processo de civilização ontem elucidado por Norbert Elias, o acento colocado sobre os gestos, as maneiras, as sensibilidades, a intimidade e a emoção na pesquisa histórica atual

---

10. Ibid.

trazem disso sem dúvida seu eco[11]. Já que, para aqueles que se esforçam em elaborar uma história do corpo dos homens em sociedade, a dívida em relação ao projeto genealógico de Foucault, seja ela reconhecida ou aniquilada, reivindicada ou esquivada, permanece ordinariamente considerável:

> A proveniência (*Herfunkt*) vincula-se ao corpo. O corpo – e tudo aquilo que a ele se liga, a alimentação, o clima, o solo – é o lugar da *Herfunkt*: sobre o corpo, encontra-se o estigma de acontecimentos passados, bem como dele nascem os desejos, as fraquezas e os erros; nele igualmente eles se entrelaçam e subitamente se exprimem, mas nele eles igualmente se desenlaçam, entram em luta, se destroem uns aos outros e prosseguem seu insuperável conflito[12].

Ou ainda, dito de outra forma: o corpo é ao mesmo tempo "superfície de inscrição", "lugar de dissociação do eu", "massa em perpétua desagregação"[13]. É exatamente aquilo que definiu o projeto deste livro, e que lhe empresta seu título. *Decifrar o corpo*: "A genealogia, como análise da proveniência, pertence à articulação entre o corpo e a história"[14]. *Pensar com Foucault*: "Ela deve mostrar o corpo todo impresso de história, e a história arruinando o corpo"[15].

---

11. CORBIN, A.; COURTINE, J.-J. & VIGARELLO, G. *Histoire du corps* (XVI-XXᵉ siècle). 3 vols. Paris: Le Seuil, 2005-2006 [*História do corpo*. Petrópolis: Vozes, 2008].

12. "Nietzsche, la généalogie, l'histoire". Hommage à Jean Hyppolite. Paris: PUF, 1971, p. 145-172. In: FOUCAULT, M. *Dits et écrits*. Vol. I. Paris: Gallimard, 1994, p. 1.010.

13. Ibid.

14. Ibid.

15. Hommage à Jean Hyppolite. Op. cit.

Os mal-entendidos do discurso

Q. – *Abordemos agora a questão do discurso, em razão da qual houve o vosso primeiro contato com o trabalho de Foucault, no quadro da análise linguística do discurso. Como vocês julgam, retrospectivamente, o uso destas concepções foucaultianas do "discurso" e das "formações discursivas" em um trabalho de natureza linguística? Não haveria lá um mal-entendido, uma ambiguidade maior?*

Certamente, e um mal-entendido que perdura, já que, imperturbavelmente, a análise linguística do discurso, na França particularmente, se obstina naquilo que ela acreditou compreender desta referência foucaultiana ao discurso, não obstante as dificuldades que seu emprego suscitou, e todas as retificações das quais ela pôde ser objeto, da parte de Foucault ele mesmo, e de outros. Uma última precisão: é realmente em efeito "retroativamente" que devo falar disso, já que não é mais neste quadro linguístico, há muito tempo, que se inscreve meu trabalho.

A questão do discurso, no entanto, nem por isso deixou de ser posta: como tratar, no trabalho histórico, a massa de documentos linguísticos, a espessura e a dispersão do arquivo? E qual lugar acordar a esse discurso no conjunto dos rastos materiais, quer sejam de linguagem ou não, no exame dos quais se respalda a investigação histórica? Buscar responder a estas questões transporta-me efetivamente a um período mais longínquo de meu trabalho, que me obriga a fazer uma espécie de "autoarqueologia", para voltar à época onde nós nos esforçamos, Michel Pêcheux, eu mesmo e alguns outros, na elaboração de uma concepção do discurso que o inscreve ao mesmo tempo na língua e na história. Foi Michel Pêcheux que por primeiro tentou adaptar a noção de "formação discursiva" à análise das formas materiais da ideologia tais como elas se manifestam nos discursos[16]. E eu lhe segui os passos fazendo a transferência, a mais sistemática possível, das noções da obra *A arqueologia do saber* – enunciado, redes de formulações, memória discursiva... – à análise linguística dos discursos[17]. Esta operação, porém, hoje posso concebê-la mais claramente com o recuo no tempo, originalmente foi feita *contra* Foucault ele mesmo, e isso duplamente: primeiramente porque Foucault já havia então tomado distância em relação à ideia de discurso desenvolvida em sua obra *A arqueologia*; e, em segundo lugar, porque ele havia, de alguma forma, tomado a precaução de nos advertir, em seu texto mesmo, que esta transferência não lhe parecia realmente vislumbrável: "O enunciado não é nem a frase, nem a proposição, nem o ato de linguagem", previne a este respeito uma formulação clássica de sua *Arqueologia do saber*[18].

Disso, porém, eu já havia recebido a confirmação a mais direta possível, o que me leva a evocar uma lembrança pessoal. Eu pouco conheci Foucault, mas tive a chance, na primeira vez que o encontrei, de poder discutir com ele sobre o vínculo

---

16. Do trabalho hoje esquecido de Michel Pêcheux retemos a este propósito as análises das *Vérités de la Palice*. Paris: Maspéro, 1976 ["Théorie"].
17. COURTINE, J.-J. *Analyse du discours politique* – Langages, 62. Paris: Larousse, 1981.
18. FOUCAULT, M. *L'Archéologie du savoir*. Paris: Gallimard, 1969, p. 111.

de sua *Arqueologia* com os trabalhos de análise do discurso aos quais à época eu me dedicava. Faz muito tempo, devia ser em março de 1982, quando, vivendo em Paris, eu lecionava em Grenoble. Henry Joly, que ali ensinava filosofia, e que era ligado a Foucault, do qual tinha sido colega em Clermont-Ferrand, pediu-me para ciceroneá-lo em sua chegada à cidade, para onde se deslocaria em vista de uma conferência: nós estaríamos, disse-me Joly, no mesmo trem, e ele já havia advertido Foucault disso. Viajando juntos, começamos a discutir, a evocar amigos comuns (Paul Rabinow, Michel de Certeau...). Foucault perguntou sobre meu trabalho, e narrei-lhe minhas tentativas de aclimatação da *Arqueologia do saber* ao país dos linguistas. Devo, na verdade, reconhecer que ele não mediu nenhum esforço para esconder um ceticismo cortês: ele me disse aquilo que eu já sabia, em primeiro lugar a distância que ele mesmo havia tomado em relação a algumas das análises da *Arqueologia* e da problemática do discurso presente na obra. Lembrou-me ainda a insistência com a qual nela ele havia sublinhado o fato de que o enunciado não era de natureza linguística, e entendi perfeitamente sua pouca atração pelos exercícios sintáxicos e lexicais que eram então os nossos.

Deste fato, a questão que se coloca para uma análise linguística do discurso que pretenderia inspirar-se na *Arqueologia* poderia ser assim formulada: pode-se ter razão *com* Foucault *contra* Foucault? A resposta deve ser nuançada. O fato que Foucault tenha podido distanciar-se da parte arqueológica de suas pesquisas, senão renegá-las, não me parece colocar um problema intransponível. Os textos, uma vez publicados, vivem de sua própria vida, mesmo se para tanto eles devam

21

fugir às intenções ou aos desejos de seus autores. A segunda objeção, inscrita no coração mesmo da *Arqueologia*, é mais séria, e merece reflexão: "O enunciado não é nem a frase..." Outramente dito: o discurso não é um objeto linguístico. Pensando melhor, no entanto, existe talvez uma outra maneira, paradoxal, mas talvez mais justa, de compreender a formulação foucaultiana: ela corresponderia à afirmação de que o discurso é um objeto linguístico que não é linguístico. O enunciado pode certamente ser dotado de propriedades linguísticas, sintáxicas, semânticas, textuais, mas isso não lhe confere absolutamente uma unidade de discurso, "esta forma indefinidamente iterável e que pode dar lugar às enunciações as mais disseminadas"[19]. É-lhe necessário, para tanto, manifestar outras propriedades, não linguísticas, propriamente discursivas, pois nada poderia confundir o discurso e o texto. O enunciado como átomo de discurso e o enunciado como fragmento de texto não poderiam ser usados um em lugar do outro. E disso resulta todo um conjunto de consequências.

Em primeiro lugar o fato que a questão do discurso não é senão assessoriamente, ou secundariamente, um problema linguístico: "o que eu analiso no discurso não é o sistema de sua língua, nem, de uma maneira geral, as regras de sua construção"[20]. É a partir da reconstrução histórica das formações discursivas, e a partir delas somente, que se deixam descobrir estas "formas indefinidamente iteráveis" que são os enunciados. Permitam-me ensaiar um exemplo disso. Quando, há

---

19. Ibid., p. 134.
20. "Réponse à une question". Esprit, n. 371, mai./1968, p. 856-874. In: *Dits et écrits*. Op. cit. Vol. I, p. 609.

uns vinte anos atrás, Claudine Haroche e eu mesmo tentamos discernir, na *História do rosto*[21], o processo histórico pelo qual, entre os séculos XVI e XVII, chegou-se a dar-lhe um sentido individual, subjetivo, sempre mais sensível à leitura e à expressão das emoções, nós fizemos emergir a existência e as transformações daquilo que então denominamos um "paradigma da expressão". Este paradigma da expressão não é redutível a um gênero de discurso já constituído, ainda que ele atravesse inúmeros tipos de discursos: não saberíamos postular sua existência, e eventualmente reconstituí-lo, senão a partir de um vastíssimo conjunto de textos heterogêneos entre si, dispersos no seio de instituições diferentes umas das outras, disseminados na palavra de atores sociais que não sabem que o enunciam no momento mesmo em que o fazem, e até mesmo descobrir sua presença em práticas, em "técnicas do corpo" que ele inspira e onde ele se encarna. Mas nestes textos, no seio destas instituições, ao longo destas palavras, através destas práticas, este paradigma depositou vestígios: os encontramos nos manuais de civilidade, nos tratados de retórica, nos "espelhos" de príncipes, nas artes da conversação como naquelas do silêncio; mas também nos livros de medicina, nas obras de fisiognomonia. Todos estes livros contêm realmente textos, mas de modo algum discursos, no sentido da *Arqueologia*. Por outro lado, encontramos também muitos indícios da presença deste paradigma em representações não linguísticas: nas imagens, na rica tradição iconográfica que

---

21. COURTINE, J.-J. & HAROCHE, C. *Histoire du visage* – Exprimer et taire ses émotions do XVIe au début du XIXe siècle. [s.l.]: Payot/Rivages, 2007 [1994; 1988].

acompanha os tratados de fisiognomonia ou nos manuais que ensinam a reproduzir a expressão humana, que as academias colocam à disposição dos pintores; mas ainda nos gestos, nas expressões, nas posturas...[22]

Existe realmente, no entanto, alguma coisa que dá a este conjunto textual e iconográfico, disperso ao longo de três séculos numa miríade de gêneros, de instituições de locutores e de práticas, uma unidade. Um fio tênue, mas tenaz, que atravessa e tece a teia das palavras e das imagens, um discurso "transverso" indefinidamente iterado, que permite "enunciações as mais dispersas" no seio deste amplo *corpus*: este fio "interdiscursivo", é o da formação discursiva ela mesma, este *paradigma da expressão* que atravessa as textualidades da Idade Clássica, as religa, as ordena, garante a passagem de uma à outra, prestando assim contas simultaneamente da unidade e da dispersão de uma parte inteira de saberes que, entre os séculos XVI e XVIII, exprimem o vínculo entre o corpo e a alma, a aparência e a interioridade do sujeito[23]. De modo algum esta formação discursiva se encontra em estado natural à superfície dos textos; ela não se confunde com um gênero de discurso que uma classificação de época teria preestabelecido; ela não é uma expressão de um século, ou de um período, muito menos de um autor. Sua configuração de conjunto, sua duração e desdobramento no tempo, as unidades que a com-

---

22. Cf. o próximo capítulo, consagrado a esta questão.
23. Estamos aqui no campo daquilo que Alain Bourreau denomina *enunciados transversais* "que dão uma unidade forte a um período, a uma transformação, nos campos mais diversificados, nos registros sociais mais distintos" ("Propositions pour une histoire restreinte des mentalités". *Annales ESC*, nov.-dez./1989, p. 1.498).

põem e que são outros tantos vestígios que ela deposita ao longo dos textos e das imagens, tudo isso precisa ser construído. Então, e somente então, podemos nos situar verdadeiramente no domínio do discurso, no âmago de sua "arqueologia".

E existem realmente desde então unidades mínimas de discursos que se deixam descobrir, deduzir desta construção, que vemos disseminar-se e se deslocar como tantos vestígios no seio deste vasto *corpus*. No exemplo que nos ocupa, estas "formas indefinidamente iteráveis" parecem vincular-se a pouca coisa, mas é sua simplicidade, seu minimalismo mesmo que garantem sua iterabilidade, sua impressionante ubiquidade; que permitem seu deslocamento e seu trespasse de texto a texto, de uma instituição à outra, de um locutor ao seguinte. Estes enunciados, em sua formulação mais geral, possuem a seguinte forma:

X {denota, significa, indica, mostra...} Y, onde X reporta a um traço, a um indício, marca ou característica manifestas da aparência exterior do corpo, e Y reenvia a um caractere, a uma tendência, a uma paixão, a um estado psicológico da alma (como em: "O lado direito denota o homem de bem, o nariz arqueado revela o velhaco...")[24].

Percebe-se, pois, que os enunciados obtidos no final desta construção, que estas unidades mínimas do paradigma da expressão como formação discursiva assumem aqui a forma de frases simples. Estaríamos em contradição com a formulação foucaultiana? O enunciado, em última análise, não se resumiria finalmente em um esquema de frase elementar?

---

24. Cf. o próximo capítulo.

Obviamente não. Primeiramente porque ele foi obtido no final de uma construção cuja formação discursiva ela mesma era o objeto, e não na sequência de ajustamentos formais efetuados ao longo do texto. Em seguida porque estes enunciados são suscetíveis de outras possíveis formulações, não linguísticas, e, no entanto, equivalentes do ponto de vista do discurso às formas de sua enunciação verbal: assim na obra *A fisionomia humana* (1586) de Giovan Baptista Della Porta, as imagens gravadas do "lado direito" ou do "nariz arqueado", bem como as fisionomias que elas diferenciam e das quais indicam o caráter, nada mais são senão manifestações enunciativas, formuladas em uma materialidade diferente, do *mesmo* enunciado. Dito diferentemente: o enunciado não é senão secundariamente, ou assessoriamente, ou parcialmente linguístico. O enunciado, e o discurso, são objetos linguísticos que não o são.

> O discurso não deve ser assumido como o conjunto das coisas que se diz, nem como a maneira de dizê-las. Ele está outro tanto no não dito, ou no sinalizado por gestos, atitudes, modos de ser, esquemas de comportamento, deslocamentos espaciais. O discurso é o conjunto das significações coercivas e constrangedoras que perpassam as relações sociais[25].

Gostaria de finalizar este item sugerindo a leitura de uma obra recente de Paul Veyne aos interessados pela questão que vocês mesmos me fizeram sobre o emprego do termo "discurso" junto a Foucault. Os dois primeiros capítulos do livro

---

25. FOUCAULT, M. "La voix de son maître". *Dits et écrits*. Op. cit. Vol. II, p. 123.

de Veyne são largamente consagrados ao tema. Não pretendo entrar aqui nas minúcias de sua análise, mas simplesmente dizer que se Paul Veyne não descarta absolutamente o uso da noção, por outro lado ele insiste nos mal-entendidos que ela provocou. Ele aponta os deslizes do uso do termo nos textos de Foucault (que às vezes fala em "discurso" lá onde alhures ele denominava "prática discursiva", "pressupostos", "*episteme*"*, "dispositivo"...), e aponta as confusões das quais foi objeto um termo "que abusou de muitos leitores"[26]: o discurso foi assumido como um objeto linguístico, ao passo que ele não é, como tentei dizê-lo, de outra maneira, ainda há pouco. O discurso deve ser compreendido a partir daquilo que Foucault denomina "dispositivo", isto é, de um conjunto heterogêneo de instituições e de leis, de coisas e de ideias, de atos e de práticas, de palavras e de textos, de ditos e de não ditos. "O discurso ele mesmo é imanente ao dispositivo que se modela sobre ele e que o encarna na sociedade; o discurso faz a singularidade (histórica), a estranheza de época, a nova tendência local do dispositivo"[27]. É um "terceiro elemento", uma "diferença última" que, para além das coisas, "impregna" os elementos heterogêneos do dispositivo que lhe dá uma existência material e histórica.

É, pois, sobre a existência e a análise de dispositivos que deságua esta interrogação sobre os usos do discurso junto a

---

* Significa "ciência", "conhecimento", de onde deriva "epistemologia". É o lugar do genuíno conhecimento racional, do pensamento puro e do verdadeiro saber [N.T.].
26. VEYNE, P. *Foucault: sa pensée, sa personne*. Paris: Albin Michel, 2008, p. 54.
27. Ibid.

Foucault: sobre a análise de redes de elementos heterogêneos, apoiados sobre determinados saberes e produzindo outros, exercendo a "função estratégica dominante" de um poder, tais como os dispositivos de controle e de sujeição da loucura, ou ainda os "biopoderes" que constituem as tecnologias da população, para retomar os clássicos exemplos foucaultianos. Conviria então distinguir "*epistemes*" e "formações discursivas", objetos dos primeiros livros, destes dispositivos que povoam os universos da prisão e da sexualidade? As respostas de Foucault, sobre este ponto, testemunham um certo embaraço: "Aquilo que denomino dispositivo é um caso muito mais geral que a *episteme*. Ou antes [...], a *episteme* é um dispositivo especificamente discursivo, diferentemente do dispositivo que, por sua vez, é discursivo e não discursivo, sendo seus elementos muito mais heterogêneos"[28]. Paul Veyne não se equivoca ao ver no uso do "discurso" junto a Foucault uma fonte inesgotável de mal-entendidos. E para Giorgio Agamben é a palavra "dispositivo" que é realmente "o termo decisivo na estratégia do pensamento de Foucault"[29]. Eu não quis, nos textos que leremos ainda, dissimular as hesitações que foram as minhas quanto à compreensão e ao uso destas duas noções. Deste modo, tomei o partido de conservar uma coloração mais "discursiva" na análise da emergência da expressão na Idade Clássica, que mais abaixo leremos[30]. E em

---

28. FOUCAULT, M. *Dits et écrits*. Op. cit. Vol. II, p. 208-209.
29. AGAMBEN, G. *Qu'est-ce-qu'un dispositif?* Paris: Rivages, 2007, p. 8 ["Petite Bibliothèque"]. Para a discussão da leitura que Agamben faz de Foucault, cf. infra, capítulo IV.
30. Cf. infra, capítulo II.

seguida para caracterizar em termos de "dispositivo" o processo de normalização dos anormais que vemos desenvolver-se no século XIX e XX[31]. Provavelmente também porque estes textos foram pensados em momentos sucessivos, e que sua diferença de inflexão reflete à sua maneira as transformações do pensamento foucaultiano ele mesmo. Mas talvez se trate também de duas maneiras de dizer, de dois olhares sensivelmente diferentes, voltados para realidades semelhantes: pois, se existe algo que parece não deixar nenhuma dúvida, é realmente o fato que não existe discurso fora dos dispositivos, e dispositivos sem discurso.

Os impasses da semiologia

Q. – *Dirijamo-nos à terceira das preocupações que estão no coração deste livro: aquela do estatuto e da análise das imagens. Como, para vocês, se produz esta passagem de uma análise linguística do discurso para uma interrogação sobre a natureza histórica e antropológica das imagens, central nos diversos "canteiros" históricos nos quais vocês trabalharam – a história do rosto, do corpo, da virilidade? E como este encaminhamento se articula com a leitura que vocês puderam fazer desta questão da imagem no trabalho de Foucault? Já que existe lá um paradoxo: vocês contornam e abandonam a referência clássica, em matéria de análise das imagens, a semiologia, falando às vezes, no entanto, de "semiologia histórica". Para voltar-vos na direção de Foucault, que disso não fala quase nada...*

---

31. Cf. infra, capítulo IV.

Permitam-me, para responder-vos, retornar um instante ao discurso. Se existe uma lição que acreditei poder tirar do trabalho que havia realizado sobre o discurso comunista, é que um discurso político não é questão de texto. É muito mais que texto. É um fragmento de história. E as palavras do texto, enquanto atravessadas pela história, cessam de ser simples unidades linguísticas. Eu via realmente a este propósito, por ter efetuado uma autópsia de uma forma de expressão estereotipada[32], que mutações maiores afetavam a palavra pública contemporânea à medida que esta se encontrava conquistada pelo irresistível apetite de crescimento do mercado e por sua ideologia de defesa do consumidor. E que disso resultou uma inundação de discursos "líquidos", para usar a expressão de Zygmunt Bauman[33], efêmeros, voláteis e descartáveis, onde as longas e laboriosas demonstrações dos programas compactos de ontem se degradavam em fórmulas e se disseminavam em imagens. Estas discursividades novas implicavam modos de produção, de circulação e de recepção que quase não podiam mais deixar-se compreender exclusivamente a partir das palavras e das formas sintáxicas. Em consequência, pareceu-me que, se o projeto de uma análise dos discursos que devolve à discursividade sua densidade histórica devesse ser perseguido, ele não poderia fazer economia da análise de representações feitas de discursos, de imagens e de práticas. A circulação contemporânea da palavra pública é realmente, para falar como Marcel Mauss, um "fato social total", do qual nenhum aspecto deveria ser negligenciado se realmente se pretende

---

32. COURTINE, J.-J. "Le discurs communiste adressé aux chrétiens". Op. cit.
33. BAUMAN, Z. *La vie liquide*. Rodez: Le Rouergue/Chambon, 2005.

compreender aquilo que nele está em jogo. Fato social extremamente complexo, em suma, cuja análise do discurso à antiga quase não saberia, por causa da restrição linguística de seu campo, prestar verdadeiramente contas: ali os discursos são imbricados em práticas não verbais, ali o verbo não pode mais ser dissociado do corpo e do gesto, ali a expressão através da linguagem se conjuga com a expressão do rosto, de forma a não ser mais possível separar linguagem e imagem.

Tive a sensação, portanto, que analisar discursos não podia mais se limitar a caracterizar um *corpus* a diferentes níveis de funcionamento linguístico, mas a pensar e a descrever a maneira com a qual se entrecruzam – na materialidade do arquivo quanto no suporte "psíquico" das memórias individuais e coletivas – regimes de práticas, séries de enunciados, redes de imagens. Intuí que me seria necessário ler *A arqueologia do saber*, à qual não obstante tudo lhe havia dispensado enormemente atenção, mas relê-la diferentemente, permanecendo mais próximo a Foucault, aliviando a leitura dos fardos linguísticos que eu lhe havia infringido, quando confundia muito naturalmente o enunciado foucaultiano com uma ponta de linguagem. Retomarei este ponto logo mais.

Portanto, é neste contexto que nasceu a ideia de uma "semiologia histórica", que subentende em parte o projeto da *História do rosto*. Era um primeiro passo. Ele permitia distanciar-me daquilo que havia sido até então minha perspectiva – desta vez tratava-se realmente de história, de história antes de tudo – sem por essa razão romper totalmente com esta: conservei o termo "semiologia", e, com este, a problemática do signo. O que me permite responder rapidamente a esta parte de vossa questão que diz respeito ao encaminhamento que transporta do discurso ao corpo: é nesta perspectiva teórica "a meio caminho", e com o objetivo de compreender a genealogia das mutações das discursividades políticas das quais os anos de 1980 eram o teatro, que se impôs a ideia de examinar a relação entre corpo e discurso nas formas de palavra pública. Este projeto, inicialmente circunscrito à época contemporânea e à esfera política, transformou-se, pela lógica e pela historicidade próprias aos objetos encontrados, em uma vasta pesquisa sobre as representações do rosto e da expressão desde o século XVI, que realizei com a companhia exigente de Claudine Haroche. Longo desvio, digressão imprevista, acidente ditoso da pesquisa que abriu a via a um conjunto de trabalhos de antropologia histórica. É assim, pois, para responder à vossa questão, que passei de uma análise dos discursos a uma história do corpo. Mas, existe lá realmente, seja qual for, algo de surpreendente? Acreditando ir buscar junto a Foucault o discurso que ali não se encontrava, acabei encontrando o corpo, que ali realmente figurava.

Para voltar à questão da "semiologia histórica", e para concluir sobre este ponto, a primeira parte da *História do rosto* representa uma tentativa desta ordem: uma história daquilo que pôde se insinuar e significar no rosto e na expressão à Idade Clássica, cujas percepções são reconstruídas a partir de uma tradição propriamente semiológica, o *corpus* das fisiognomonias. Nunca mais, depois disso, realmente usei a expressão, ainda que seu princípio se encontre implicitamente presente nos trabalhos mais recentes. Nós o encontramos, assim, nos desenvolvimentos que na *História do corpo* pude consagrar às percepções da deformidade corporal, tão logo esta deformidade torna a mostrar como o mesmo sinal teratológico carregado pelo corpo pôde ser historicamente a marca da presença do diabo ou a impressão da imaginação das mulheres, em seguida o sintoma de um retardo de desenvolvimento orgânico, a manifestação de uma infimidade produtora de compaixão, o indício enfim de um *handicap* na escala das reparações humanas. Entendo dizer que existe necessariamente uma parte "semiológica" nesta antropologia histórica, história cultural, ou história das sensibilidades – sua denominação pouco importa –, à qual me dediquei, toda vez que se interroga o que faz presença e sentido no campo do olhar dos indivíduos em um momento histórico qualquer, toda vez que se tenta reconstruir como eles interpretam aquilo que percebem, mas ainda o não percebido. Cada vez ainda, provavelmente, que se questiona a historicidade das imagens, como o veremos ainda.

O detetive e o semiólogo

Q. – Sim, mas, antes... Quando falamos em semiologia, isso nos reenvia ao menos a duas tradições e a duas durações distintas: primeiramente, a uma perspectiva antropologicamente bastante antiga que se confunde com a tradição imemorial de interpretação dos indícios; e, em seguida, a uma tentativa muito mais recente, que adveio em algumas linhas junto a Saussure, e que se desenvolveu no estruturalismo francês dos anos de 1960. Seriam elas incompatíveis? Por que a segunda ignora a primeira?

Sobre o primeiro ponto, é exato o que vocês afirmam. Existem realmente duas tradições, mesmo se disso quase não nos damos conta na leitura das semiologias de hoje. A primeira perspectiva – e é um paradoxo, já que de longe é a mais antiga – foi efetivamente ignorada pela segunda, esta semiologia de inspiração saussureana tal como ela se desenvolveu no estruturalismo contemporâneo. Mais adiante retornarei à primeira destas duas tradições, mas, para começar, gostaria de dizer uma palavra sobre a segunda, já que sua história sempre foi para mim um tema de inesgotável admiração.

Pois existem realmente estas poucas linhas, meio programáticas, meio proféticas, do *Curso de Linguística Geral*, que se tornaram mais tarde uma espécie de *Pater Noster* dos semiólogos: "Pode-se conceber uma ciência que estuda a vida dos signos no seio da vida social [...]. Nós a denominaremos semiologia [...]. Ela nos ensinará em que consistem os signos, quais leis os regem. Já que ela não existe ainda, não é possível prever o que ela será; mas ela tem direito à existência, seu lugar é determinado antecipadamente..."[34] Sempre me estarreceu que uma formulação tão vaga, que a menção de exemplos tão heteróclitos (da escrita aos símbolos militares em passando pelas formas de delicadeza), acolhidos ao longo de meio século por uma indiferença quase geral, que esta espécie de garrafa vagando ao mar, encalhada nos anos de 1960 às margens propícias do estruturalismo, tenha podido mais tarde produzir tal "revelação" epistemológica. Curioso exemplo da programação de um nascimento científico temporão, cujas circunstâncias materiais mereceriam obviamente ser elucidadas.

---

34. SAUSSURE, F. *Cours de linguistique general*. Paris: Payot, 1971, p. 33 [1916].

Deste modo se concebem as razões ligadas ao desenvolvimento interno da linguística: à origem, o enunciado do programa semiológico provavelmente é, para Saussure, indispensável à apresentação do quadro geral dentro do qual se deve raciocinar, já que toda entidade não possui existência senão relacional, sendo o lugar da língua em sua exterioridade, isto é, no conjunto dos fatos sociais. Depois, nos anos de 1960, discerne-se ainda como a extensão do paradigma estruturalista, para além exclusivamente da linguística, torna necessário que o projeto semiológico seja desenterrado do esquecimento em que se havia confinado, e ele passa a constituir a cavilha mestra de uma transferência massiva de noções linguísticas na direção do campo da literatura, da antropologia, da análise das imagens; muito além, por sinal, daquilo que Saussure havia realmente podido imaginar, ou até mesmo, provavelmente, desejar.

Igualmente pode-se vislumbrar a intervenção de elementos exteriores ao campo das ciências da linguagem para explicar este acontecimento. E parece-me que, a este respeito, a invenção saussureana da semiologia na virada do século, depois sua redescoberta e sucesso fulminante nos anos de 1960, devem sua explicação às mudanças científicas e tecnológicas no campo das comunicações humanas. Seu estágio último, aquele da globalização, que estamos em vias de viver não sem inquietação, lança uma luz retrospectiva sobre o que nos interessa aqui.

Sempre me impressionou o pouco crédito que a história da linguística, longamente obcecada por aquilo que ela mesma denominava "corte saussureano", e mais geralmente preocupada com a gênese interna dos conceitos do *Curso*, acordou ao seguinte fato: a problemática saussureana é contemporânea da emergência, na segunda metade do século XX, de uma configuração de saberes científicos e técnicos que vão dar à noção de código de comunicação, bem como à análise formal dos signos e sinais em razão dos quais tais códigos funcionam, um lugar decisivo na transmissão das informações à distância no seio das sociedades humanas. Não podemos aqui nos eximir de fazer um pouco de arqueologia. Em 1852, o telégrafo elétrico substitui o sistema de Chappe. O alfabeto Morse, que forneceu a Saussure alguns de seus exemplos do *Curso*, torna-se universal em 1865. A decomposição analítica da voz, sua reprodução, sua transmissão à distância por Bell ou Edson vão conduzir, na virada do século, à aparição, pela primeira vez, do termo "telecomunicação". Pessoalmente, vejo na invenção do projeto semiológico no *Curso* a sombra projetada da multiplicação, a desmaterialização, a abstração, rápidas e crescentes, de sistemas de signos, códigos e sinais reivindicando a instauração das primeiras formas de comunicações "líquidas" nas sociedades humanas. Pode-se entrever seu sentido: a comunicação a distância supõe o desprendimento dos signos das formas imediatas e sensíveis da percepção. "Consideremos, por exemplo, a produção dos sons necessários à palavra: os órgãos vocais são tão externos à língua quanto os aparelhos elétricos que servem para transcrever o alfabeto Morse são estrangeiros a este alfabeto"[35]. É nisso, parece-me, que, para Saussure, "o problema linguístico é antes

---

35. Ibid., p. 36.

de tudo semiológico, e que todos os nossos desenvolvimentos emprestam sua significação deste fato importante"[36].

Seguindo o mesmo fio condutor, sem dúvida é possível discernir na renascença estruturalista da semiologia dos anos de 1960 o efeito da mutação pós-guerra do campo das telecomunicações em mídias de massa, que, desta vez, para além dos sons da linguagem, veiculam imagens em forma de uma dispersão universal e contínua da qual o cinema até então não podia fornecer senão uma difusão descontínua e restrita. Deste modo, o nascimento da revista *Communications*, o artigo inaugural que Roland Barthes consagra em 1964 à "Retórica das imagens" publicitárias são um dos efeitos, no campo dos saberes, da invasão da esfera pública e da penetração do domínio privado pela extensão inédita das mídias audiovisuais de comunicação: a compreensão do funcionamento das imagens como "signos" torna-se desde então uma aposta política e teórica importante. E eu gostaria de acrescentar, para concluir sobre este ponto, que o estágio no qual estamos hoje, aquele da extensão global e da difusão planetária de tais sistemas, reclama uma outra análise dos efeitos de subversão dos indivíduos das sociedades líquidas sob o fluxo contínuo dos sons e das imagens. É o que me parece fazer a atualidade política da questão que vocês se colocam quando questionam a história do projeto semiológico.

Tenho a sensação de ter-me estendido demasiadamente neste ponto, tanto mais que devo responder agora à outra

---

36. Ibid., p. 35. Saussure acrescenta: "Se se quer descobrir a verdadeira natureza da língua, é preciso assumi-la primeiramente naquilo que ela tem de comum com todos os outros sistemas da mesma ordem".

parte de vossa questão. Pois este projeto não se reduz exclusivamente à história de seu nascimento saussureano e à sua reinvenção estruturalista. Ignorada por Saussure quando ele "programa" a semiologia vindoura, existe outra tradição, extremamente antiga, à qual o *Curso* não faz, segundo meus conhecimentos, referência alguma. O mais impressionante a este respeito é provavelmente o fato de que esta tradição carrega, precisamente, o nome de "semiologia": o termo pré-existe efetivamente a seu uso saussureano, e é até mesmo de um emprego tradicional em medicina, onde ele designa as técnicas de observação dos indícios que, à superfície do corpo visível, fazem sintoma, isto é, testemunham a presença de tal ou tal entidade mórbida não diretamente observável. Mais perturbador ainda: uma análise célebre de Carlo Ginzburg situa no exato momento da elaboração do *Curso de Linguística Geral* a emergência daquilo que ele denomina um "paradigma do indício"[37]. Ginzburg sublinha efetivamente que, no expirar das últimas décadas do século XIX, uma preocupação semelhante veio à luz em domínios separados e aparentemente estrangeiros uns aos outros. Em história da arte, Giovanni Morelli inventa um método de atribuição das obras à seus autores, que se desvia da "maneira" do pintor e do estilo geral do quadro para se concentrar no ajustamento de detalhes ínfimos, lóbulos das orelhas, extremidades das orelhas etc. Em suma, a marca registrada de Leonardo da Vinci não é o sorriso, mas a orelha, da Joconda: lá onde a atenção do pintor se repousa,

---

37. GINZBURG, C. "Traces, pistes – Racines d'un paradigme de l'indice". *Mythes, emblèmes, traces* – Morphologie et histoire. Paris: Flammarion, 1989, p. 139-180.

e onde a execução tende a tornar-se automática. É em um lugar semelhante, mas, desta vez, da corrente significante, que Freud vem no mesmo momento entender no lapso, isto é, os indícios ínfimos lá depositados pelas falhas da palavra consciente, o discurso do inconsciente. E é nestes mesmos anos que, sob a pluma de Conan Doyle, nasceu Sherlock Holmes, o personagem literário do detetive caçador de indícios, que vê aquilo que os outros não enxergam. "A observação é para mim uma segunda natureza, confessa assim este último [...]. Vós conheceis meu método: ele é fundado na observação dos detalhes". E "vós não discernistes no início da pesquisa o único verdadeiro indício que se vos tinha apresentado"[38], censura ele o Dr. Watson, que nada vê porque não observa, já que ele ignora a linguagem dos indícios.

Qual é, pois, a relação, pergunta-se então Ginzburg, entre Morelli, Freud e Conan Doyle? Todos os três eram médicos. Significa dizer que todos os três praticavam, no mesmo momento que Saussure inventava a teoria da língua e a colocava sob o apadrinhamento da semiologia, outra semiologia, oriunda da tradição médica, aquela de Hipócrates e de Galeano, mas de origem mais antiga ainda: suas primeiras provas podem ser discernidas nas práticas do caçador que segue os rastos de sua presa sobre a areia, ou aquelas dos adivinhos antigos, que sabiam detectar os indícios anunciadores da boa e da má sorte nas palpitações das entranhas ou nos arabescos do voo dos pássaros.

---

38. DOYLE, A.C. *Les aventures de Sherlock Holmes*. Vol. I. Paris: Omnibus, respectivamente p. 27, 555 e 95.

Existiriam, pois, *duas semiologias*. Aquela imaginada por Saussure, fundada em sua concepção do signo linguístico, que nos situa no universo desmaterializado e sistêmico do uso consciente dos códigos e dos signos, com seus prolongamentos estruturalistas. E outra, de inscrição antropológica muito mais antiga, baseada no ajustamento de indícios depositados mais ou menos conscientemente ao longo dos conjuntos significantes; apoiada sobre práticas nas quais o elemento qualificativo, sendo que a parte subjetiva daquele que produz o indício como aquela de quem o detecta não saberiam ser eliminadas, nem mesmo reduzidas; práticas onde o uso da intuição, a espiadela, o "faro", constituem os elementos essenciais... E, se for necessário escolher entre estas duas vias divergentes na análise e na interpretação das imagens, eu, naquilo que me concerne, já escolhi meu campo: aquele de Sherlock Holmes, antes que o de Saussure.

A referência à função policial realmente corre o risco de parecer anedótica e deslocada do universo de seriedade científica e de rigor formal que afixam hoje as humanidades. Eu não penso que elas o sejam, se é uma maneira de precisar aqui o que entendo pelo título e projeto mesmos destas páginas: "decifrar o corpo". No momento em que as ciências humanas são, mais do que nunca, conquistadas pelo formalismo quantitativo e pelas pretensões utilitaristas, os desafios da decifração do corpo voltam a conservar à parte humana de nossa existência sua densidade antropológica e sua profundidade histórica, a elucidar o que nos faz sujeitos. Sempre considerei que o pensamento de Foucault tinha a propriedade e a virtude de lembrar sem cessar estes aspectos. É por isso que não vejo nada de escandaloso em considerar que o exemplo do detetive em busca de indícios tenha tanto, senão mais, a nos ensinar, em relação à leitura e à interpretação das imagens, que o do semiólogo moderno necessitando de signos. Geralmente sublinhamos aquilo que as humanidades obtiveram na sucessão de "cortes epistemológicos" onde elas se teriam inaugurado como ciências no final do século XIX. Talvez tenha chegado o momento de se perguntar sobre aquilo que elas perderam.

Intericonicidade e genealogia das imagens

Q. – *Em vossos seminários de Paris III, que desde 2003 acompanhamos, uns e outros, vocês conduziram uma reflexão sobre a imagem e sua análise, em utilizando o termo "intericonicidade". Qual é a diferença entre uma análise deste tipo e a semiologia clássica da imagem, da forma como a encontramos junto a Roland Barthes? O que vocês entendem exatamente por "intericonicidade"? Qual relação com aquilo que denominamos interdiscurso em análise do discurso?*

Um primeiro ponto: de fato eu parti de uma crítica da semiologia da imagem, da forma como a encontramos junto a Roland Barthes e em suas incontáveis réplicas, porque ela assemelhou a imagem ao signo linguístico, no sentido quase saussureano do termo. Aquela semiologia lá, que sem dúvida alguma teve o mérito de promover a questão da imagem e de sua análise, comporta, a meu ver, um impasse: a imagem não obedece em nada a um modelo da língua. Aqueles que acompanharam o seminário ao qual vocês fazem referência se lembram provavelmente que eu tinha o costume de dizer, em tom de brincadeira, que "A retórica da imagem"[39], o texto inaugural de Roland Barthes, conservou todo seu interesse pedagógico na medida em que ele faz a demonstração totalmente clara daquilo que convém *não fazer* na análise da iconicidade. Dito isso, no entanto, é necessário reconhecer o interesse junto a Barthes de intuições ulteriores a propósito da imagem, tais como os desenvolvimentos sobre "o obtuso" no "Terceiro sentido"[40], ou realmente sobre o *punctum* na obra *O quarto claro*[41]. Mas não é da linguística saussureana que estas ideias procedem, e sim, muito mais, da psicanálise: o obtuso ou o *punctum* não são da ordem do signo, mas daquilo que ressoa nos signos, à maneira do lapso vindo a romper as evidências da cadeia significante. Nada de signos, mas de indícios, de rastos do surgimento de um sentido imprevisto.

O que eu quis fazer, ao introduzir a noção de intericonicidade, foi primeiramente sublinhar o caráter discursivo da iconicidade: eu pensei que, antes que a um modelo da língua, era a um modelo do discurso que urgia referir a imagem. Mas ao discurso no sentido de Foucault, isto é, em um sentido onde o discurso tanto pode ser um fragmento de imagem quanto uma centelha de linguagem. Pareceu-me que as pesquisas que eu havia feito nesta perspectiva sobre a noção de memória discursiva eram de natureza a poder prestar alguns

---

39. *Communications*, n. 4, 1964, p. 40-51.
40. *L'Obvie et l'obtus*. Paris: Le Seuil, 1982.
41. *La chambre claire* – Notes sur la photographie. Paris: Cahiers du Cinéma/Gallimard/Seuil, 1980.

serviços simultaneamente conceptuais e metodológicos no campo da análise das imagens. Explico-me: a ideia de memória discursiva implica que não existem discursos que não sejam interpretáveis sem referência a uma tal memória, que existe um "sempre já" do discurso, segundo a fórmula que nós empregamos então para designar o interdiscurso. Eu diria a mesma coisa da imagem: toda imagem se inscreve em uma cultura visual, e esta cultura supõe a existência junto ao indivíduo de uma memória visual, de uma memória das imagens onde toda imagem tem um eco. Existe um "sempre já" da imagem. Esta memória das imagens pode ser uma memória das imagens externas, percebidas, mas pode ser igualmente a memória das imagens internas, sugeridas, "despertadas" pela percepção exterior de uma imagem.

A noção de intericonicidade é assim uma noção complexa, porque ela supõe colocar em relação imagens externas, mas igualmente imagens internas, imagens da lembrança, imagens da rememorização, imagens das impressões visuais estocadas pelo indivíduo. Não existe imagem que não nos faça ressurgir outras imagens, tenham elas sido outrora vistas ou simplesmente imaginadas. Este me parece ser um aspecto essencial, já que ele coloca a questão do corpo no próprio centro da análise: encontram-se coisas semelhantes, parece-me, junto a Hans Belting, em um livro que se intitula *Por uma antropologia das imagens*[42]. Encontra-se ali a ideia de que toda imagem deve ser analisada a partir do médium, isto é, do suporte material que é o seu, médium visto, mas igualmente a

---

42. BELTING, H. *Pour une anthropologie des images*. Paris: Gallimard, 2002.

partir de um corpo olhando. E a particularidade do corpo, que pode ser um médium ele também, isto é, que ele é o médium, o suporte das imagens internas. A intericonicidade supõe, portanto, relacionar conexões de imagens: imagens exteriores ao sujeito, como quando uma imagem pode ser inscrita numa série de imagens, uma arqueologia, à maneira do enunciado numa rede de formulações junto a Foucault; mas também imagens externas, que supõem a consideração de todo o catálogo memorial da imagem junto ao indivíduo, e talvez também os sonhos, as imagens vistas, esquecidas, ressurgidas ou até fantasiadas, que assombram o imaginário. Como articular estas imagens umas com as outras, como reconstituir estes vínculos que dão seu sentido aos ícones de uma cultura para os indivíduos que compartilham de sua memória? Pelo ajustamento, pela detecção no material significante da imagem, pelos indícios, pelos rastos que outras imagens ali depositaram, e pela reconstrução, a partir destes rastos, da genealogia das imagens de nossa cultura.

Permitam-me dar-vos aqui, para concluir, um exemplo, à hora da globalização; este exemplo não é meu, mas desenvolverei um outro mais adiante[43]. Ele é particularmente "loquaz", e é um exemplo que todo mundo compreenderá, já que se trata de imagens-mundo, inscritas em nossa memória coletiva, nesta parte da cultura visual que vocês e eu compartilhamos: as imagens da explosão, em seguida do desmoronamento das torres, no dia 11 de setembro de 2001. Sua multiplicação é quase infinita e sua difusão pla-

---

43. Cf. infra, capítulo V, a propósito das imagens de Abou Ghraib.

netária. Aliás, parece-me não ser necessário demonstrá-las, já que vocês as possuem, lá, diante dos olhos, no instante mesmo em que vos falo delas, imagens internas. Mas esta ubiquidade líquida, que atravessa os continentes e enche as memórias, esconde um paradoxo: as imagens do 11 de setembro são sempre as mesmas, seis imagens-tipos repartidas em uma trintena de fotos diferentes[44]. Por que, precisamente, estas seis imagens lá e não outras se repetem ao infinito? Porque elas mesmas repetem alguma coisa na cultura visual e na memória coletiva americanas. Deste modo, a imagem da nuvem de fumaça se elevando no céu de Manhattan é o indício de outra nuvem, proveniente de outra imagem: a que se elevava abaixo do Pearl Harbour após o bombardeamento aéreo japonês. E a imagem vos diz, pois: os Estados Unidos estão realmente em guerra, ontem como hoje. Deste modo ainda a fotografia da bandeira americana içada por três bombeiros sobre as ruínas do World Trade Center é o indício de uma referência à outra bandeira, presente em outra imagem: a que foi levantada por seis marinheiros sobre a Ilha de Hiroxima em fevereiro de 1945. E a imagem vos diz ainda: esta guerra será vencida, a bandeira americana tremulará novamente bem lá no alto, ontem como hoje. Analisar imagens consiste assim em referenciar tais indícios, já que estas representações perdem seu sentido fora desta genealogia dos indícios que as atravessam e as constituem. E este tipo de análise permite compreender, de passagem, um

---

44. Extraio o conjunto destes elementos da excelente obra de Clément Chérour, que traz sobre as imagens do 11 de setembro um emprego da ideia de intericonicidade muito próxima daquela que é a minha aqui: *Diplopie* – L'image photographique à l'ère des médias globalisés. Paris: Le Point du jour, set./2009.

dos aspectos daquilo que a globalização faz às imagens, e lá reside um dos paradoxos essenciais das sociedades líquidas: a difusão e a multiplicação planetárias dos objetos da cultura são proporcionais à sua rarefação e à sua uniformização.

Eis, portanto, a quê poderia contribuir a ideia de intericonicidade: uma antropologia histórica das imagens que seja igualmente uma arqueologia do imaginário humano.

II
LER O CORPO NA IDADE CLÁSSICA
Uma formação discursiva

O que entendemos dizer – e o que pretenderíamos dizer – ao falarmos em "ler" o corpo humano? O que a percepção do que hoje denominamos uma "imagem do corpo" deve à linguagem? Como, pouco a pouco, chegou-se a fazer do corpo um signo?

Lá estão, sob sua forma mais geral, as questões que gostaria de abordar aqui. Eu as colocarei nos limites de um exemplo, a partir de determinadas maneiras de falar do corpo, de enunciados cuja estrutura e arranjo textuais testemunham uma relação particular entre olhar e discurso: as classificações. Trata-se de classificações que se dão por objeto o corpo, a fisionomia, o rosto, a expressão. Mas o corpo na percepção de sua exterioridade, a fisionomia nos detalhes de sua superfície visível, o rosto e a expressão no jogo de suas aparências: o corpo tal qual é observado e descrito no *corpus* das fisiognomonias do final do século XVI e da primeira metade do século XVII.

Gostaria de mostrar primeiramente a função das classificações fisiognomônicas, tão numerosas ao longo da Idade Clássica, mostrando em que elas respondem a um conjunto de exigências de legibilidade do corpo, simultaneamente científicas e sociais, teóricas e práticas, eruditas e populares. Gostaria de caracterizar, em segundo lugar, através de uma mutação dos discursos sobre o corpo e das classificações elaboradas, a emergência progressiva, na virada e durante a primeira metade do século XVII, de uma nova imagem do corpo, e sublinhar ainda o papel que a difusão da forma impressa dos livros de fisiognomonia exerceu na transformação dos regimes de visibilidade da aparência. Gostaria ainda de insistir sobre a complexidade da transição entre as representações da figura humana que predominam na Renascença e as que, pouco a pouco, vão se constituindo ao longo do século XVII: esta transição, como as leituras prematuras de Bakhtine ou de Elias às vezes o sugerem, não se deixa facilmente reduzir à metamorfose brusca de um imaginário "grotesco" em uma percepção "clássica" do corpo, nem aos efeitos repentinos de uma "civilização dos costumes". Ela, antes, assume a forma de um lento desencantamento. E gostaria, finalmente, de recolocar uma das questões de método recorrentes nesta obra: seria possível servir-se da noção de "formação discursiva" e, mais geralmente, da concepção foucaultiana do discurso em um trabalho histórico, e como?

Fisiognomonia, astrologia e medicina

As fisiognomonias são simultaneamente maneiras de dizer e formas de ver o corpo humano: semiologias da exterioridade, da aparência, do invólucro corporais. Lá residem suas primeiríssimas necessidades. Elas, em termos de princípio e em sua história, estão intimamente ligadas à semiologia médica. Trata-se de revelar, aqui e acolá, através de um exercício sistemático do olhar, os indícios que afloram na superfície do corpo: traços morfológicos ou expressivos aqui, sintomas acolá. Trata-se ainda de converter os indícios que libera o percurso do olhar sobre o corpo em signos, pela enunciação de um discurso que atribui aos caracteres percebidos um estatuto significante, dotando-os de um sentido: os sintomas passam a ser então os signos clínicos da doença; os traços morfológicos do corpo e, sobretudo, do rosto, são então interpretados pelo discurso fisiognomônico como signos, segundo a época, de vícios ou de virtudes, de inclinações ou de paixões da alma, de propensões ou de caracteres, de pulsões ou de formações físicas.

Aqui, no entanto, cessa a analogia: a perspectiva fisiognomônica assemelha-se, em seu princípio, à semiologia médica, mas as interpretações que ela propõe possuem outro objeto e outra extensão. Embora sempre se trate de observar o homem exterior, efetivamente para perscrutar o homem psicológico, ao invés do homem doente. A semiologia médica conseguiu limitar pouco a pouco, em seu exercício do diagnóstico, a arte de conjecturar restringindo-o ao significado central da doença, mas também regrando, instrumentalizando, delimitando e purificando o olhar clínico. Vinculando este olhar a outros dados perceptíveis, inscrevendo-o nas classificações rigorosas de um discurso que, ao mesmo tempo, descreve precisamente seu objeto e vela pela própria constância e coerência semântica de suas unidades mínimas de denominação, bem como os modos de reagrupamento de tais unidades em categorias, classes, tipos[1]. Aquilo que foi adquirido pouco a

---

1. Sobre esta purificação do olhar médico, cf. FOUCAULT, M. *Naissance de la clinique*. Paris: PUF, 1963, esp. 107-123.

pouco, e obtido no final do século XVIII na medicina de Cabanis, Bichat ou Pinel. Em contrapartida, a fisiognomonia, em seu propósito, traiu suas origens divinatórias estendendo seus julgamentos à totalidade da psique; chegando muitas vezes a prognosticar, a partir exclusivamente do olhar, o destino individual; sem colocar qualquer limite à empresa do olhar sobre o corpo, que se exerce pela exclusão de todo outro dado perceptivo; organizando enfim suas referências imediatas – traços, marcas, qualidades, indícios carregados pelo invólucro visível do corpo – em duvidosas tipologias de caracteres tanto físicos quanto psíquicos.

A divisão, assim, parece clara em nossos dias: de um lado a ciência médica e sua semiologia rigorosa e sistemática; de outro a falsa ciência fisiognomônica, seu saber duvidoso, suas taxionomias temerárias ou fantasiosas, seus enunciados científicos desacreditados. Esta última, com efeito, de Porta à Le Brun, de Le Brun à Lavater, de Gall às psicomorfologias contemporâneas, viu-se pouco a pouco relegada às margens, em seguida ao exterior dos saberes positivos que se dão o corpo humano por objeto, e isso sem jamais ter deixado de encontrar um interesse social, mundano, ou simplesmente anedótico[2].

Mas nem sempre foi assim. Os enunciados e as classificações médicas e fisiognomônicas foram longamente indis-

---

2. Sobre a história da fisiognomonia, cf. esp.COURTINE, J.-J. & HAROCHE, C. *Histoire du visage* – Exprimer et taire ses émotions du XVIe au début du XIXe siècle. Paris: Rivages/Histoire, 1988 [3. ed. Paris: Payot, 2007]. • COURTINE, J.-J. "Le miroir de l'âme". In: CORBIN, A.; COURTINE, J.-J. & VIGARELLO, G. (dir.). *Histoire du corps (XVI-XXe siècle)*. 3 vols. Vol. I. Paris: Le Seuil, p. 303-310 (*História do corpo*. Petrópolis: Vozes, 2008). • PORTER, M. *Windows of the Soul* – The Art of Physiognomy in European Culture, 1470-1780. Oxford: Oxford University Press, 2005.

sociáveis e sua separação é relativamente recente, se a consideramos do ponto de vista do longo tempo da formação dos saberes: ela tem a idade da ideia moderna de ciência. As primeiras separações aparecem, com efeito, progressivamente, mesmo que de maneira desigual, na virada do século XVII. Mas, por muito tempo ainda, ao longo do século, os médicos vão redigir tratados de fisiognomonia, e esta última vai valer-se da medicina. Assim, Jean Taxil, em sua *Astrologia e fisiognomonia em seu esplendor* (1614), insiste sobre a necessidade da fisiognomonia para a medicina:

> Galeano fez um balanço da fisionomia, e ele garante, pela autoridade de Hipócrates, que, se os que se mesclam à medicina ignorando-a estão perpetuamente nas trevas do espírito e cometem pesados erros... O médico, portanto, que pretendesse ignorar estas regras e estes ensinamentos, não seria ele semelhante à hera que reivindica a queda do muro que a sustenta?[3]

Taxil é doutor em medicina, mas também astrólogo. A fisiognomonia é para ele – como para a maioria de seus colegas ao longo do século XVII – um traço de união indispensável entre a Astrologia e a Medicina. Pois, além dos signos "naturais" que são os sintomas das doenças, o corpo contém outros indícios que o médico deve ler nos traços do rosto, nas rugas da fronte e nas linhas da mão, tudo aquilo que ali imprimem os astros. Uma observação se impõe, pois, quando se examina o conjunto das leituras do corpo, a longa tradição das interpretações do rosto, tais como no-las apresentam os

---

3. TAXIL, J. *L'Astrologie et la physiognomonie em leur splendeur*. Tournon: [s.e.], 1614, p. 2.

tratados de fisiognomonia dos anos de 1550-1650: a transição do século XVI para o XVII quase passa despercebida. Temos antes o sentimento de que os tratados retomam ao pé da letra, imperturbavelmente, as mesmas lições antigas até a segunda metade do século. A difusão dos livros constitui disso um indício revelador: os tratados de Barthélémy Coclès ou de Jean d'Indagine, que anunciam a renovação da fisiognomonia desde o início do século XVI[4], vão atender progressivamente a um público mais vasto, cujo gosto pelas decifrações da aparência humana não se desmentirá até o final do século XVII[5]. Estas obras, portanto, difundem largamente ao longo do século uma tradição astrológica de interpretação das marcas corporais. Elas são revezadas pela publicação de inúmeras "metoposcopias": tratados de adivinhação astrológica que vão oferecer aos leitores da Idade Clássica até os anos de 1660 leituras de signos gravados pelos planetas sobre a fronte dos humanos[6]. Assim a fisiognomonia obedece então ao mesmo tempo ao princípio de uma semiologia médica e àquela de uma adivinhação astrológica. Para Marin Cureau de la Chambre, médico "ordinário" de Luís XIV, importa ainda, segundo sua *Arte de conhecer os homens*, que o médico leve em consideração os signos astrológicos:

---

4. CLOCHÈS, B. *Chyromantie ac Physionomie Anastasis cum approbatione Magistri Alexandri de Achillinis*. Bolonha: [s.e.], 1504. • D'INDAGINE, J. *Introductiones apotelesmaticae in Chyromantiam, Physiognomiam, Astrologiam Naturalem complexiones hominum naturas planetarum*. Estrasburgo: [s.e.], 1522.

5. As traduções francesas do livro de Coclès foram regularmente reeditadas até 1698. O tratado de Jean d'Indagine conheceu o mesmo sucesso; foi reeditado treze vezes, de 1531 até 1672, e suas traduções alemãs, francesas e inglesas foram periodicamente republicadas ao longo do século XVII.

6. Cf. esp., sobre a história da metoposcopia: COURTINE, J.-J. & HAROCHE, C. Op. cit., p. 55-63.

> A Arte que ensinamos não deve desprezá-los [os signos]: faz-se necessário que [o médico] os invoque em seu socorro, já que eles têm um mesmo desígnio que ele, e que nada deve ser descartado quando se pretende descobrir uma coisa tão escondida como é o coração do homem[7].

O homem-máquina, portanto, não rechaçou repentinamente o homem-zodíaco que ornou os livros de fisiognomonia bem como os tratados de anatomia. De fato, são as célebres conferências do pintor Charles Le Brun sobre a expressão das paixões que, em 1668, vão registrar no campo das leituras da aparência os efeitos das transformações científicas da primeira metade do século XVII, concepções cartesianas das paixões bem como a descoberta por Harvey do princípio da circulação sanguínea. Tão longamente e tão intimamente ligada à adivinhação astrológica, a fisiognomonia sofre do descrédito crescente que castiga esta última em face da progressão do racionalismo científico ao longo da segunda metade do século. Ela desaparece pouco a pouco dos léxicos e das enciclopédias[8], como do ensino da medicina. O final do século, portanto, traz um olhar cético sobre as interpretações fisiognomônicas: as representações científicas do corpo veem a antiga analogia entre as qualidades da alma e os traços morfológicos do corpo desfazer-se lentamente.

---

7. CUREAU DE LA CHAMBRE, M. *L'Art de connaître les hommes*. 2. ed. Paris: [s.e.], 1659, p. 337.

8. Assim, Furetière a considera, em seu *Dictionnaire Universel*, "uma ciência bastante vã". "Fortemente inexata e fortemente enganadora", acrescenta Rochelet em seu dicionário em 1679. No "léxico racional" de Étienne Chauvin (*Lexicon Rationae Sive Thesaurus Philosophicus*) publicado em Rotterdam em 1692, não encontramos tratamento algum da fisiognomonia ou da quiromancia, muito menos, aliás, da magia ou da adivinhação.

Far-se-á necessário, no entanto, esperar os progressos da observação médica ao longo do século XVIII e a emergência de um projeto de história natural do homem visando a fundar uma antropologia científica – na ciência natural de Linné, Buffon e, em seguida, Blumenbach – para que o divórcio seja enfim declarado:

> Como a alma não tem uma forma que possa ser relativa a alguma forma material, não se pode julgá-la pela figura do corpo ou pela forma do rosto. Em todos os tempos, houve homens que quiseram fazer uma ciência divinatória de seus pretensos conhecimentos em fisionomia, mas é bastante evidente que a forma do nariz, da boca e de outros traços não corresponde à forma da alma, ao natural da pessoa, assim como o comprimento ou a grossura dos membros não corresponde à qualidade do raciocínio[9].

A separação da fisiognomonia e da medicina, o desenvolvimento regular de uma medicina autônoma e racional, a marginalização progressiva dos conhecimentos tradicionais sobre a fisionomia que se operam ao longo da Idade Clássica constituem alguns dos elementos do lento desprendimento dos saberes sobre o homem do fundo milenar de crenças cosmobiológicas que lhes davam sentido e consistência. O rompimento é profundo: aquilo que Bufon refuta efetivamente é a existência mesma de uma analogia entre o corpo e a alma, mesmo se admitida desde o início dos tempos. O que ele admite como evidência é a autonomia de uma ciência natural do

---

9. BUFON. *De l'homme*. Paris: Maspéro, 1971, p. 38.

homem, sua separação dos conhecimentos e das artes divinatórias, às quais ela estava unida desde as origens dos saberes.

Gostaria de situar-me agora aquém deste desprendimento, já efetuado à hora na qual Bufon escreve, para questionar os inícios, os acontecimentos discursivos que constituem seu rasto primeiro: o momento inicial onde ele opera, as formulações através das quais ele se esboça. Seria necessário primeiramente discernir seu início nos textos que, nos anos de 1580-1620, se dão a fisionomia como objeto. Estas fisiognomonias são submetidas a regras de escrita fixadas por uma longuíssima tradição, que atribuem uma forma linguística determinada a seus enunciados e que especificam o modo de encadeamento destes no texto, segundo o modelo de uma lista ordenada. Seu caráter tipológico se sistematiza e se reforça então, mas a transformação de suas formas discursivas deixa à mostra um conjunto de hesitações, de instabilidades, de heterogeneidades, de configurações que testemunham um conflito no seio dos discursos sobre o corpo entre formas novas e conteúdos antigos.

Conviria mostrar, em segundo lugar, se é verdade que as classificações fisiognomônicas são ao mesmo tempo maneiras de dizer e formas de ver o corpo, uma conversão do visível em enunciável, de que forma estas transformações são a tradução e o operador de uma mutação daquilo que denominaríamos hoje uma "imagem do corpo". Elas constituem a este respeito um dos signos da emergência de um imaginário clássico do corpo, cuja representação se desprende pouco a pouco da visão astrobiológica do mundo característico das concepções medievais e das filosofias da natureza da Renascença. Ao desprendimento dos discursos de um fundo antigo do saber corresponde assim um *desencantamento do corpo*: a emergência progressiva da visão de um corpo referido a ele mesmo, ordenado pela razão, habitado por um sujeito.

Corpo, olhar, discurso: a perspectiva arqueológica

Gostaria, porém, antes de entrar nestas temáticas, de precisar o meu modo de proceder. Ele responde a uma preocupação antiga, que se havia desenvolvido na França no cruzamento das preocupações linguísticas e históricas, apoiadas nas análises que Michel Foucault havia consagrado às formações discursivas em sua obra *A arqueologia do saber*[10]: o de integrar ao trabalho histórico uma perspectiva de análise dos discursos que leva em conta a materialidade da linguagem dos mesmos. Sabemos que *A arqueologia* foi um tema controvertido no campo da história: se lhe censura notadamente o fato de desencarnar os objetos históricos concretos através de uma abstração estrutural da linguagem, e o próprio Foucault acabou se distanciando disso. No entanto, a meu ver, ela conservou, mediante algumas precauções a serem feitas, sua pertinência.

Pois os materiais textuais representam uma matéria-prima essencial do trabalho histórico. Assim, o que se descobre no *corpus* dos manuais de fisiognomonia são enunciados possuindo propriedades formais particulares: as classificações. Constituí-las em termos de discurso implica não somente caracterizar as formas enunciativas, sintáxicas ou retóricas que são as suas, mas implica igualmente inscrevê-las nestas longas séries de formulações, nesta memória discursiva dos corpos

---

10. Paris: Gallimard, 1969. Desenvolvi este tema nos trabalhos anteriores, dedicados aos discursos políticos. Cf. *Analyse du discours politique* – Langages 62. Paris: Larousse, 1981.

percebidos, que há tanto tempo a tradição fisiognomônica de interpretação dos indícios corporais estabelece. Mas, além disso, trata-se da vontade de reconstituir a rede dos discursos que lhe são afilhados: religar as leituras eruditas da aparência aos saberes populares da fisionomia, ou relacioná-las aos conjuntos de regras de conduta corporal que prescrevem ao mesmo momento os livros de civilidade. Trata-se, sobretudo, de reconstruir, a partir de rastos de linguagens, os dispositivos dos quais os textos não são senão uma das formas de existência material. E, em igual medida, trata-se também de reconstruir práticas, de devolver vida aos gestos e carne aos corpos. Deste modo executada, desembaraçada de seus mal-entendidos linguísticos que ainda a obstruem, a história das formações discursivas, cujo projeto Foucault outrora havia formulado, parece-me ter guardado todo o seu interesse[11].

Analisar os discursos em tal perspectiva é efetivamente tentar reconstruir, para além das palavras, o regime dos olhares e a economia dos gestos próprios aos dispositivos que tornam inteligível o corpo à Idade Clássica. O termo "discurso", portanto, não deve ser aqui uma fonte de ambiguidade ou de confusão: o problema não é senão secundariamente linguístico, e o material de linguagem nada mais que um dos rastos concretos da existência de um dispositivo muito mais vasto e complexo que Foucault denominou então "formação discursiva", e nada de outro senão uma das vias de acesso possíveis à reconstrução dessas. Deleuze o sublinhou, à sua maneira, em seu comentário à *Arqueologia*: é ter de se haver com empiricidades feitas de coisas e de palavras, de ver e de falar, de

---

11. Cf. esp. a leitura que propôs DELEUZE, G. *Foucault*. Paris: De Minuit, 1986, p. 55-75. E mais recentemente: VEYNE, P. *Foucault*: Sa pensée, sa personne. Paris: Albin Michel, 2008, esp. p. 13-58.

"páginas de visibilidade" e de "campos de legibilidade". O saber é deste fato uma combinação de visível e de enunciável próprio a cada estrato histórico: combinação de duas formas heterogêneas, diferentes por natureza ("...Por mais que se diga aquilo que se vê, o que se vê não se aloja jamais naquilo que se diz..."), que reciprocamente, no entanto, se pressupõem e se insinuam "uma na outra" em um "prodigioso entrecruzamento"[12]. Os discursos, continua Paul Veyne, "são os óculos através dos quais, em cada época, os homens perceberam toda coisa, pensaram e agiram"[13]. *Percebido, pensado, agido*... As formações discursivas se situam ao mesmo tempo aquém da materialidade linguística dos enunciados que elas atravessam, e muito além, na extrema disseminação de suas formas de existência empírica.

Trata-se, por ora, de referenciar no texto das fisiognomonias da Idade Clássica, o entrecruzamento sobre este objeto, que é o corpo, de um dizer e de um ver, de mostrar como às maneiras de dizer correspondem formas de ver. Lá reside, a meu ver, um dos interesses por estas classificações do corpo que dão forma às fisiognomonias na virada do século XVII: elas constituem efetivamente uma fronteira na história do discurso sobre o corpo. Esta fronteira, no entanto, não se materializa à maneira de uma clara descontinuidade, de um destes "cortes" com os quais a epistemologia estruturalista havia ontem povoado a história das ciências. Trata-se antes de uma passagem discreta, de um lento deslocamento, de um momento quase imperceptível onde os enunciados mudam de regime ao passo que as visibilidades mudam de modo: o

---

12. Op. cit., esp. p. 72 e 75.
13. Op. cit., p. 46.

tempo de um desprendimento ou de uma liberação de formas novas. Um instante de separação que conserva, ainda perceptível, o rasto do qual ela se separa: dos aspectos misturados de confusões primeiras, dos enunciados ainda não estabilizados, das visibilidades ainda indistintas. Um momento inicial onde a gênese das classificações e das imagens modernas do corpo se deixa adivinhar.

Existem, com certeza, para caracterizar tal fronteira, outros sinais de referência possíveis. As formações discursivas não são jamais dispositivos locais, mas atravessam e religam uma pluralidade heterogênea e disseminada de campos do saber e de regimes de práticas. Deste modo os discursos eruditos: aquele, por exemplo, da anatomia, cujas transformações ao longo do século XVI e XVII ilustram à sua maneira esta lenta mutação das visões do corpo. Lá também as tipologias se sistematizam, o olhar se purifica, a perspectiva se afina, a visibilidade aumenta e as figuras se desfazem progressivamente de um fundo de imagens astrológicas ou de sobrecargas estéticas que obstruíam o espaço anatômico[14]. Mas ainda outros modos de representação: o desenvolvimento da arte do retrato testemunha igualmente que a figuração do corpo se desvincula pouco a pouco de seu contexto sagrado, que a fisionomia se precisa e se naturaliza, que o corpo se individualiza no momento em que desenvolve a categoria "expressão"[15]. Em toda parte emergem novas exigências de legibilidade do corpo.

---

14. Cf. esp. MANDRESSI, R. *Le regard de l'anatomiste* – Dissection et invention du corps en Occident. Paris: Le Seuil, 2003.
15. Cf. esp. LANEYRIE-DAGEN, N. *L'invention du corps*: la répresentation de l'homme, du Moyen-Âge à la fin du XIXe siècle. Paris: Flammarion, 1997.

E existe, enfim, todo um conjunto de práticas, que não se resumem simplesmente em discursos, mesmo se sempre mais estreitamente codificadas nestes livros, que são "técnicas" do corpo ele mesmo, que burilam sua postura, sua conservação, sua mais fina expressão, seu menor gesto: as regras de civilidade que difundem então os tratados de saber-viver favorecem, nas decências que elas prescrevem, o imaginário de um corpo liberto de suas aderências medievais ao universo natural, separado de sua simbólica "grotesca" – para usar aqui a expressão de Bakhtine[16] –, estritamente cercado e delimitado, objeto da mestria individual e do trabalho social da delicadeza[17].

Os usos da civilidade conhecem a este respeito uma evolução paralela às práticas de saúde e de higiene. Nestas últimas, de fato, como nos tratados médicos que as inspiram, o surgimento progressivo de um imaginário mecânico do corpo com a difusão das concepções cartesianas rasga pouco a pouco a simbiose do organismo com o macrocosmo, isola e autonomiza o corpo, mas igualmente reforça a vigilância da qual a máquina corporal é objeto. Enfatiza-se o perigo de substâncias outrora inofensivas e de entornos antes anódinos, descobre-se o que ontem era imperceptível. As sensibilidades se afinam lentamente, ao passo que o olhar disseca a pele em busca de detalhes ínfimos[18]. Controla-se mais estreitamente

---

16. BAKHTINE, M. *L'oeuvre de François Rabelais et la culture populaire au Moyen-Âge et sous la Renaissance*. Paris: Gallimard, 1970.
17. Sobre este ponto, cf. o conjunto considerável de trabalhos abertos pelas perspectivas desenvolvidas em ELIAS, N. *La civilisation des moeurs*. Paris: Hachette, 1982 [1939].
18. Cf. VIGARELLO, G. *Le sain et le malsain* – Santé et mieux-être depuis le Moyen-Âge. Paris: Le Seuil, 1993, p. 89-137.

os orifícios do invólucro corporal, mede-se suas secreções, aumentam as preocupações com infiltrações possíveis: as práticas de higiene elas mesmas ver-se-ão alteradas[19].

Em todos estes observatórios do corpo à Idade Clássica que são a anatomia, o retrato, as práticas de civilidade, de saúde ou higiene, assiste-se, pois, ao longo do século XVII, a uma transformação progressiva do regime de visibilidade do corpo. O exame mais aprofundado do campo de observação privilegiado que oferecem as fisiognomonias permite precisar-lhe mais a natureza.

O corpo na analogia

As decifrações da aparência, que a herança das fisiognomonias vai legar às leituras do corpo que se elaboram ao longo do século XVII, se servem de um fundo muito antigo de saberes que se conservou nas medicinas e nas filosofias da natureza da Idade Média e da Renascença: elas permanecem estreitamente em harmonia com as concepções da fisiologia e da medicina medieval, continuação de Hipócrates, de Galeano e da Idade Média árabe. Isso organiza as fisiognomonias segundo um primeiro conjunto de classificações: a lista ordenada dos órgãos do corpo, a dos quatro elementos e a dos quatro humores. Mas estas taxionomias são imediatamente avaliadas em outro quadro de referência onde às classificações do médico se superpõem, indissociáveis, as do astrólogo: os órgãos, os elementos e os humores reenviam aos sete planetas,

---

19. Por causa do medo de que a água se infiltre no corpo, que levará a banir o seu uso nas práticas do banheiro "seco". Cf. VIGARELLO, G. *Le propre et le sale* – L'hygiène du corps depuis le Moyen-Âge. Paris: Le Seuil, 1985.

os homens-zodíacos invadem os tratados. A astrologia domina o pensamento médico: as leituras do corpo são tomadas da massa dos escritos astrológicos, elas ali fazem vizinhança com conjuntos de predições, com manuais de quiromancia ou de oniromancia, ou ainda com as artes exotéricas da memória. Elas compartilham de um pressuposto fundamental: a crença nos poderes explicativos da analogia. O pensamento analógico organiza os olhares pousados sobre o corpo.

A renovação e o desenvolvimento sem precedente que conheceu a fisiognomonia ao longo do século XVI em quase nada vão transformar estes dados iniciais. É somente nos dois últimos decênios do século que se modifica sensivelmente o dispositivo fisiognomônico. Pela referência primeiramente, ao término de um intenso trabalho filosófico efetuado pelos humanistas da Renascença, à herança da fisiognomonia antiga (pseudo-Aristóteles, Polemon ou Adamantios...) relida, criticada, recuperada ou revogada, sistematicamente interpretada. É lá que se situará a obra essencial de G.B. Della Porta, *A fisionomia humana* (1586), que dominará a produção do final do século XVI e da primeira metade do século XVII por sua amplitude, sua sistematicidade, sua exaustividade e extensão de sua influência[20].

Mas este esforço de sistematização, que vai progressivamente racionalizar as percepções do corpo, não recai simplesmente sobre os textos da Antiguidade. Faz-se uma releitura também das fisiognomonias ou das medicinas medievais (de Alberto o Grande, Pedro de Albano, Rhases, M. Scot ou M.

---

20. DELLA PORTA, G.B. *La physionomie humaine*. Ruen: [s.e.], 1655. Tradução francesa da edição latina original, publicada em Nápoles em 1586. O Livro de Porta conhecerá múltiplas edições no final do século XVI e ao longo de todo o século XVII.

Savonarola...), e se registra, nas formas do livro impresso, os saberes e as crenças populares sobre o corpo: a renovação e a multiplicação dos tratados de fisiognomonia desde o início do século XVI são estreitamente ligadas à difusão do livro, que favorece seu sucesso, mas que transforma profundamente a cultura popular do corpo, por causa de seu registro nas formas daquilo que J. Goody denomina "razão gráfica".

Já que existe então um conjunto de saberes e uma memória oral do corpo na tradição popular onde se elaboraram modos de leitura da fisionomia das quais as fisiognomonias eruditas são próximas, mesmo se elas não lhes são diretamente sobrepostas[21]. Trata-se de um pensamento do corpo em ação sobre o elemento natural, ao mesmo tempo de um pensamento da harmonia do organismo com a natureza. Sua lógica, lá ainda, é aquela da analogia entre o microcosmo humano e o macrocosmo natural ou cósmico. Suas classificações estabelecem inumeráveis correspondências entre o detalhe das fisionomias, dos gestos, das atividades, da conservação do corpo e o recorte, o ritmo e as escansões do tempo. O corpo ali se encontra preso a uma trama estreita de "simpatias" à fisionomia e à índole atribuída aos animais. Estas semelhanças reencontram as comparações zoomórficas que, desde o pseudo-Aristóteles, a tradição da fisiognomonia erudita repete. Significa afirmar que a memória popular e oral dos discursos sobre o corpo e a tradição letrada das fisiognomonias não são absolutamente estrangeiras uma à outra, não constituem ainda dois discursos fechados e separados. Tanto numa quanto noutra, o homem é "arrojado como o leão", "lascivo como o porco", "negaceador

---

21. Cf. LOUX, F. *Le corps dans la société traditionelle*. Paris: Berger-Levrault, 1979.

como o burro" e as aparências físicas testemunham o caráter, elas são sua "assinatura". O pensamento popular e a fisiognomonia erudita compartilham então desta crença pensada das semelhanças que as filosofias da natureza da Idade Média e da Renascença conhecem sob o nome de "doutrina das assinaturas"[22]: cada coisa carrega em sua superfície, impressa em seu corpo, a assinatura pela qual estimar-se-á as propriedades, as forças que esconde, e que determinarão, através da similaridade das formas, o paradigma das correspondências entre todo ser e toda coisa, suas mútuas simpatias.

O corpo humano é habitado todo inteiro pela analogia: por ela ele assume seu sentido, se liberta de sua opacidade, libera seus segredos. Ela o religa aos astros, às plantas e aos animais; mas ela tece também uma rede entrelaçada de reenvios ao interior do corpo ele mesmo; entre as partes do rosto e as outras partes do corpo, entre o invólucro visível e a alma invisível: "nariz empinado, homem generoso; nariz curto, ho-

---

[22]. Cf., sobre este ponto, a suma de THORNDIKE, L. *A History of Magic and Experimental Science*. 8 vol. Nova York: Columbia University Press, 1923-1958. Cf. tb. alguns trabalhos de A. Koyré, p. ex.: "Paracelse". *Mystiques, spirituels, alchimistes du XVIe siècle allemand*. Paris: Gallimard, 1971. É possível se fazer uma ideia dos efeitos do pensamento analógico no *corpus* das fisiognomonias e de sua persistência ao longo do século XVII nessa passagem, na qual R. Saunders (*Physionomie and Chiromancie, Metoposcopie...* Londres: [s.e.], 1633, p. 174) analisa a fisionomia das veias no microcosmo humano, expondo toda a extensão da metaforização nas representações do corpo, bem como a confusão profunda, nesta perspectiva, entre medicina e adivinhação. As veias pertencem efetivamente à fisionomia "como pequenos canais ou regatos que irrigam este pequeno mundo, em forma de rios-fontes e torrentes que irrigam o grande corpo terrestre; e como pela irrigação julgamos a esterilidade ou a fertilidade de um lugar [...], pelas cores ou contornos das veias aprendemos as doenças e as desgraças vindouras [...]. Se elas são grossas, em particular aquelas da fronte ou acima das têmporas, e aquelas do centro da fronte, elas significam um homem livre e liberal, submisso a alguma escravidão da parte de Vênus; e após uma ação será fácil saber, pois elas serão infladas e violetas, o que é sintoma da pleurisia e da apoplexia [...]".

mem preguiçoso", prediz a tradição popular. E lá onde não se percebe mais a similitude, quando as formas são ameaçadas de perda de legibilidade, a semelhança se torna verbal: a assonância substitui as simpatias quando estas últimas faltam ao olhar. Busca-se na forma das palavras a essência das coisas. No *corpus* dos provérbios e dos remédios populares é a analogia fônica que funda então as representações do corpo: "*Yeux gris vont en paradis, yeux bleus aux cieux, yeux verts en enfer, yeux noirs au purgatoire*"[23]. As percepções, os enunciados, as classificações do corpo deste pensamento em "rima" se apoiam largamente sobre uma memória e sobre procedimentos característicos do uso oral da linguagem; eles se servem das fontes de comparações e de assonâncias imemoriáveis: ali as metáforas e as rimas são primeiras. Eles dizem os segredos do corpo em uma poética onde medicina popular e formas tradicionais de adivinhação se confundem[24].

Os tratados de fisiognomonia vão, portanto, nos últimos anos do século XVI e na virada para o século XVII, empenhar-se em reunir este conjunto imemorial e difuso de cultura erudita e de crenças populares, de tradições escritas ou orais, constituídas de fisiognomonia, de medicina e de astrologia antiga e medieval, bem como de ditos, de adágios, de provérbios e de remédios cotidianos. Este esforço de sistematização assume toda a sua amplitude na *Fisionomia humana* de Porta: ele testemunha o desenvolvimento de exigências racionais nas

---

23. Cf. LOUX, F. Op. cit., p. 157. • Como, na tradução para o português, não é possível fazer esta analogia fônica, transcrevi o texto original, que comporta rimas, e traduzo nesta nota seu sentido literal: "Olhos cinzentos vão ao paraíso, olhos azuis aos céus, olhos verdes ao inferno, olhos negros ao purgatório" [N.T.].

24. Cf. BOLLÈME, G. *La bibliothèque bleue* – La littérature populaire en France du XVIIe au XIXe siècle. Paris: Julliard/Gallimard, 1971.

representações do corpo. É efetivamente nos anos 1580 que surgem as primeiras tentativas de fisiognomonia "natural" desviando-se da astrologia e da adivinhação no exame da fisionomia. A observação desta última tende então a seguir as perspectivas de um olhar liberto das percepções astrológicas, e as vias de um discurso livre do pensamento analógico. Esta escalada de percepções e discursos mais racionais obedece a determinações múltiplas e complexas. E, dentre estas, figura a difusão do livro ao longo da idade clássica: o livro na materialidade de sua "razão gráfica", a inscrição dos saberes nas coerções formais da página impressa constituem um dos elementos que permitem compreender as formas discursivas novas – a multiplicação das classificações mais sistemáticas – nas quais se enunciam as percepções tradicionais do corpo. Isso nos remete às questões iniciais: antigas maneiras de ver o corpo se entrecruzam, no *corpus* das fisiognomonias da Idade Clássica, com novas maneiras de falar delas. Estas maneiras de ver, no entanto, já sendo discursos, e estas maneiras de falar ainda são olhares: de seu entrecruzamento, fugidio e instável, emergido de uma transformação dos saberes do corpo.

Uma razão gráfica do corpo

Os tratados de fisiognomonia mostram um conjunto de características bastante estáveis, se vislumbrarmos tais tratados do ponto de vista dos modelos textuais dos quais se servem. Se observarmos suas formas gramaticais e retóricas, bem como suas formas de encadeamento no texto, duas constatações são possíveis. Nota-se primeiramente que o enunciado se realiza geralmente sob a forma de uma frase de estrutura binária, composta de um sujeito que se refere a uma ou a várias partes, e a um ou vários traços físicos do corpo, acompanhado de um predicado que reenvia à existência de uma ou várias qualidades psicológicas[25]. Deste modo junto à Jean d'Indagine:

> Quando os olhos são impenetráveis, eles denotam um astuto, forjador de malvadezas, que se enfurece ligeiramente, e desconfiado[26].

Nos sujeitos e nos predicados, portanto, figuram respectivamente enumerações de traços físicos e qualidades psicológicas que dão a cada enunciado o estatuto de uma equivalência semântica entre duas listas de propriedades.

Segunda constatação: os enunciados são eles mesmos justapostos no discurso, geralmente sem conectores, mas segundo uma ordem mais ou menos rigorosa. Isso dá ao texto em seu conjunto um aspecto de lista horizontal. Ele pode, por outro lado, facilmente se transcrever em uma lista vertical que faça corresponder traços físicos e caracteres psicológicos, procedimento que às vezes alguns tratados utilizam. Deste

---

25. Conservei aqui os termos da análise que J. Bottéro consagra aos tratados de adivinhação mesopotâmica em seu estudo: "Symptômes, signes, écritures". *Divination et rationalité*. Paris: Le Seuil, 1974, p. 70-200. E isso para frisar o parentesco formal entre os tratados antigos e as fisiognomonias da Idade Clássica, que testemunham uma repetição imemorial de formas semelhantes de enunciados e de classificações organizando modos de leitura do corpo.

26. O enunciado admite as seguintes variantes:

Os olhos + adjetivo	significam...
Aqueles que são + adjetivo	denotam...
Aqueles aos quais + verbo	demonstram...
	denunciam...
	são...
	são o signo de...
	são um bom, mau signo...

modo a seguinte transcrição simplificada de um extrato da *Fisionomia humana* de Porta:

olhos fixos	homem incômodo
olhos fixos e úmidos	homem medroso
olhos fixos e secos	homem confuso e estúpido
olhos fixos e pálidos	homem insensato, desastrado e estúpido
olhos fixos, azulados e obscuros	homem enganador, a evitar
olhos fixos, homens que elevam as sobrancelhas e suspiram	homens de maus conselhos, cruéis e malvados
....	....
....	....

Os tratados de fisiognomonia constroem, portanto, um modelo de texto inteiramente transferível sob forma de lista ordenada de enunciados mínimos. Cada enunciado estabelece uma equivalência semântica à qual ele atribui um valor em uma semiologia do corpo: os indícios físicos correspondem aos traços psicológicos sobre um modo semiótico ("significar", "denotar", "ser o signo de"...). É a lógica textual do dicionário que imprime sua organização discursiva aos tratados de fisiognomonia.

Mas estes não se reduzem às propriedades formais de seus enunciados. São mais que textos: eles têm leitores, atraem públicos, circulam segundo modos de recepção e de difusão específicos, se inscrevem em práticas, determinam usos. Isso vale tanto para fisiognomonias eruditas publicadas em latim e destinadas a um público letrado quanto para formas abreviadas difundidas em língua vulgar, que se destinam a auditórios bem menos instruídos. Se umas são mais longas, eruditas e sistemáticas, e outras mais breves, elementares e anedóticas, todas elas conhecem um grande sucesso ao longo da Idade Clássica.

Conhecemos melhor os usos das primeiras, no entanto[27]: a acolhida que elas encontram ao longo dos séculos XVI e XVII é contemporânea à difusão da civilidade e de seus livros, e ligada a esta difusão. O reforço das autocoações, a aprendizagem do domínio dos comportamentos, a instituição progressiva deste "muro invisível" que elevam entre os corpos os pudores e as distâncias, pressupõem uma necessidade à qual a fisiognomonia não mede esforço em responder: a observação das posturas exteriores dos corpos. Fisiognomonia e civilidade exprimem, portanto, uma necessidade prática que explique seu desenvolvimento e seu sucesso paralelos: aqui e lá a conduta do sujeito na vida social se encontra sempre mais estreitamente regulada por uma equivalência entre uma pessoa exterior visível e um ser interior velado[28]. Os testemunhos povoam assim os usos práticos destas leituras eruditas da aparência, de seu vínculo estreito com o espaço de controle pelo olhar das atitudes, dos gestos e expressões que a estrutura da sociedade palaciana exigia, no quadro do desenvolvimento do Estado absolutista. Dentre todos estes teóricos e práticos da fisiognomonia, observadores assíduos da vida palaciana, qual testemunha mais privilegiada senão Cureau de la Chambre, médico e cortesão, e autor a este duplo título,

---

27. Sobre os usos práticos das fisiognomonias eruditas, cf. COURTINE, J.-J. & HAROCHE, C. Op. cit., p. 41-159. • PORTER, M. Op. cit.
28. Sobre a difusão dos livros de civilidade, cf. esp. CHARTIER, R. *Lectures et lecteurs dans la France d'Ancien Regime*. Paris: Le Seuil, 1987.

em 1659, de uma obra chamada *Arte de conhecer os homens?* Objetivo da obra, para além de suas ambições "científicas": fornecer a todos um "guia de conduta na vida civil"[29].

As fisiognomonias populares são mais desconhecidas, mas seu caráter prático assim como o sucesso de sua difusão não faz problema. Elas são então objeto, como já visto, de uma quantidade de *compendium*, epítomes, almanaques e calendários que vão multiplicar-se desde o início do século XVII e espalhar-se França afora ao longo de quase três séculos[30]. Esta "biblioteca azul" difunde pequenas brochuras comercializadas por vendedores ambulantes, comerciantes de imagens que circulam nas feiras e mercados. Literatura barata destinada a um público popular e pobre, ela é ilustrada, visando àquele que não sabe ou mal consegue ler. Ela é, e permanecerá clandestina, anônima e desprezada. Os julgamentos fisiognomônicos andam lado a lado das profecias, das predições ligadas à passagem dos cometas, das receitas culinárias, dos conselhos de regime e de saúde do corpo. É uma medicina dos pobres que propaga uma sabedoria popu-

---

[29]. "É o guia mais seguro que se possa adotar para orientar-se na vida civil, e aquele que quiser servir-se dele poderá evitar mil enganos e mil perigos nos quais está em vias de incorrer... Quase não existe ação onde esta Arte não seja necessária: instituições educativas de crianças, escolha de servidores, de amigos, de companhias, tudo isso não pode se realizar convenientemente sem este guia. Ele mostra a ocasião e os momentos favoráveis em que se deve agir, em que se deve falar: ele ensina a maneira de como se deve fazer, se é necessário sugerir um conselho, uma afeição, um propósito, e contém todas as vias que podem fazê-los penetrar na alma. Enfim, se devemos seguir a opinião de um sábio, quem nos proibirá de entretermo-nos com um homem colérico e invejoso, e de demorarmo-nos na companhia de malvados; quem poderá nos salvar destes malogrados encontros senão a Arte da qual ora estamos falando?" (Op. cit., p. 6).

[30]. Sobre esse ponto cf. BOLLÈME, G. Op. cit.

lar do corpo. A época conheceu uma enorme quantidade de esquemas classificatórios do mesmo tipo, que tratam tanto de fisionomias quanto de doenças ou de plantas. Mas, quer se trate de fisiognomonias eruditas ou de brochuras populares, as classificações que nelas se encontram em geral se revestem da forma simplificada de listas ordenadas. Esta disposição dos saberes em listas é então, se acompanharmos as análises que J. Goody consagrou à "razão gráfica", um efeito da forma escrita ela mesma: tais "representações do saber estão em estreita conexão com o advento da tipografia"[31].

> Uma das características da forma gráfica é tender a dispor os termos em linhas e em colunas, isto é, linearmente e hierarquicamente, de maneira a atribuir a cada elemento uma posição que define sem ambiguidade e sua relação permanente com os outros[32].

A existência assim como as formas particulares das classificações fisiognomônicas como objetos históricos devem igualmente ser questionadas a partir de uma história das formas escritas da linguagem, de sua invenção, de sua especificidade, de sua universalização no livro impresso. A escrita, com efeito, é produtora de classificações.

> A introdução da escrita nas civilizações que precedem a Renascença tem, entre outros efeitos, encorajado um determinado tipo de classificação sistemática [...]. Toda redução de uma cultura a um quadro escrito tende a inserir tudo aquilo que é percebido dentro da mesma ordem; a escrita fornece quadros qualificados

---

31. GOODY, J. *La raison graphique*. Paris: Minuit, 1979, p. 121.
32. Ibid., p. 133.

aos sistemas mais sutis de classificação próprios às culturas orais[33].

Quais foram assim os efeitos da difusão do livro impresso quanto à existência de saberes sobre o corpo, que se fundavam outrora em uma tradição manuscrita e igualmente em uma memória oral? A aparição e a expansão da escrita impressa evidentemente não criaram os esquemas classificatórios: mas elas contribuíram poderosamente na simplificação destes esquemas, na sistematização deles, tornando-os mais explícitos, modificando sua organização lógica e retórica a partir das coerções formais e perceptivas da página impressa, ligando mais estreitamente a percepção dos objetos do saber às exigências de linearidade ordenada da forma gráfica, sequencializando e hierarquizando as partes e as propriedades destes objetos. Mas ainda, como o veremos mais adiante, para torná-las mais aptas a responder aos usos práticos.

Estrutura de lista, percurso do olhar, lugares de memória

Voltemos novamente ao texto das fisiognomonias. A estrutura interna de seus enunciados é organizada, já o vimos, sob a forma de equivalências semânticas entre listas de propriedades. Mas a distribuição dos enunciados eles mesmos, bem como seu modo de encadeamento no texto, são por sua vez ordenados segundo uma estrutura de lista.

Lá estão formas bastante antigas do enunciado e do tratado fisiognomônicos: podemos vê-las em obra nos mais antigos

---

33. Ibid., p. 133-134.

documentos escritos que assumiram a fisionomia de objeto, na adivinhação mesopotâmica analisada por J. Bottéro[34]. As formas discursivas da observação e da descrição do corpo humano permaneceram bastante estáveis e repetitivas desde a invenção da escrita; deste modo, nos antigos tratados mesopotâmicos, a descrição fisiognomônica do rosto é efetuada segundo a seguinte ordem, próxima daquela que ainda regia a distribuição dos enunciados nas obras do século XVI ou XVII:

1) o alto do crânio,

2) o occipício,

3) a fronte,

4) a cabeleira,

5) as têmporas,

6) as sobrancelhas,

7) as pálpebras,

8) os olhos,

9) as orelhas,

10) o nariz,

11) a boca,

12) os dentes,

13) a língua

e assim sucessivamente de cima para baixo[35]. Dispõe-se, pois, de uma lista, hierarquizada verticalmente, das localizações dos diferentes órgãos do corpo, como sedes das manifesta-

---

34. BOTTÉRO, J. "Symptômes, signes, écritures". *Divination et rationalité*. Paris: Le Seuil, 1974.

35. Ibid., p. 84.

ções oraculares na adivinhação antiga ou dos indícios fisiognomônicos nos tratados clássicos.

Em todos os casos, esta ordem tem funções múltiplas: primeiramente ela traduz o percurso do olhar do observador sobre o corpo humano, permite restituir-lhe o deslocamento. É neste sentido que este tipo de lista, que fornece às fisiognomonias seu plano, realiza a conversão de um olhar em discurso. Disso resulta uma tipografia ordenada do corpo, doravante representada sob a forma de um conjunto de lugares a percorrer em uma ordem determinada: o corpo visível entrou em um espaço abstrato de uma representação escrita. Os tratados, no entanto, adotando em seu recorte temático e sequencial esta série ordenada, não se limitam simplesmente a refletir um percurso do olhar. Tais listas doravante fazem ver o corpo através da ordem de seus agenciamentos: os tratados de fisiognomonia são igualmente manuais práticos, protocolos de observação destinados a regular e homogeneizar as percepções vindouras; são espécies de "modos de emprego" do olhar sobre o corpo. Representação abstrata e gráfica de uma percepção visual, protocolo prático regulando o uso da observação, as listas são, enfim, técnicas de memorização. Elas, com efeito, permitem lembrar tanto a ordem protocolar das observações a fazer como memorizar as observações feitas, sob a forma de um conjunto de locais a percorrer em uma ordem determinada para quem pretende fazer uma observação, elaborar o retrato de um indivíduo particular, ou ainda memorizar um tratado.

Este é um aspecto pouco sublinhado nestes manuais de observação do corpo e do rosto: são, à sua maneira, artes da memória, que percorrem o corpo humano como um destes teatros imaginários que os homens inventaram para que a lembrança não se apagasse[36]. Percurso sobre lugares dispostos em série, as tipologias fisiognomônicas são olhar e discurso sobre o corpo, ao mesmo tempo memória do corpo, constituída da sucessão hierarquizada de seus diferentes locais significantes. Mas os enunciados que distribui este tópico no texto são os de uma semiologia: a evocação serial de cada lugar do corpo, e, em cada lugar, dos indícios significantes que ali se articulam, fará emergir o nome de outro lugar, o de uma inclinação, de uma paixão, de um atributo específico. Cartografia do corpo, em suas classificações a fisiognomonia é igualmente uma geografia psicológica, e uma memória da alma.

O exame das formas textuais e ao mesmo tempo os usos sociais dos livros de fisiognomonia permitem compreender, portanto, o sucesso desta: os tratados queriam fornecer, pronto para o uso, um guia da aparência dos homens em sociedade. *Um léxico dos corpos*: é praxe atestar que com a escalada do Estado absolutista e a difusão progressiva, para além mesmo da sociedade palaciana, de uma "civilização dos costumes" cuja ambição é a de polir os comportamentos pelo domínio dos corpos, o dispositivo textual da fisiognomonia se precisa, e faz-se mais exigente. Sua forma classificatória, herdada de uma longa tradição, se reforça: estes dicionários da apa-

---

36. Cf. YATES, F. *L'Art de la mémoire*. Paris: Gallimard, 1975. Se a fisiognomonia e suas classificações são ligadas à arte da memória, é no sentido das reformas propostas no *cursus* retórico por Pierre de la Ramée (1515-1572), que previa a eliminação das antigas memórias artificiais em favor das novas técnicas de memorização fundadas nas representações esquemáticas cuja possibilidade surgiu com a difusão dos textos impressos. Sobre este ponto cf. YATES, F. Op. cit., p. 250-251. • GOODY. J. Op. cit., p. 136-137.

rência se revestem sempre mais nitidamente de um aspecto que poderíamos, metaforicamente, denominar "bilíngue". Eles convertem assim não somente os indícios morfológicos em uma linguagem psicológica; mas tendem ainda a sempre mais frequentemente realizar a operação inversa e, a partir de um conjunto de retratos psicológicos (homem ou mulher do bem, homem corajoso, mulher honesta, mas também o louco, a mulher impudica, o homem perigoso...), fornecem a tradução corporal da linguagem das paixões e dos atributos específicos. O absolutismo, bem o sabemos, foi um grande produtor de dicionários.

Seria necessário aqui ir além do dispositivo fisiognomônico e, de forma mais detalhada, mostrar qual foi a função destes protocolos de observação sistemática do corpo humano na arte clássica do retrato: retrato literário, que frequentemente se serve de seu percurso em sua construção narrativa; retrato falado na conversação, quando coloca em relação um lugar da fisionomia e um traço de caráter no enunciado de um julgamento de tipo fisiognomônico; técnica do retrato pintado enfim: conviria analisar se, nas teorias da pintura como nas representações pictóricas que nos legou a Idade Clássica, o olhar do pintor e as operações gráficas que ele efetua seguem de perto ou de longe a ordem protocolar ou os modelos de expressão que elaboram as observações fisiognomônicas. Deste modo:

> O espectador tinha habitualmente estas tradições de cultura fisiognomônica na mente quando observava uma obra de arte. Na obra que contemplava ele encontrava, ou pensava encontrar, os traços característicos que lhes ensinaram a ater-se. Não é exagerado, a meu

ver, afirmar que um sistema de signos faciais expressivos, depositado de forma semi-inconsciente na memória cultural dos pintores e de seu público, formou uma matriz importante no interior da qual os pintores e os escultores deram forma às suas obras[37].

Reencontramos aqui ainda, no olhar do espectador do quadro, esta necessidade recorrente trazida pela tradição fisiognomônica: garantir a legibilidade dos corpos. Suas descrições fazem parte, pois, desta educação perceptiva que torna necessária a decifração das aparências na vida social. Da mesma forma, as fórmulas visuais de manifestação das emoções – os *phatos formeln* que Aby Warburg havia conseguido identificar – permitiam ao espectador decodificar as representações pintadas ou esculpidas do rosto e do corpo[38]. Compreende-se então, a meio caminho entre o saber do fisiognomonista e a arte do pintor, o alfabeto facial das paixões que elabora Le Brun. Dotar a opacidade do corpo de uma linguagem articulada, fornecer um código explícito à ambiguidade da expressão: deste modo, para Cureau de la Chambre, a finalidade e a ambição das classificações fisiognomônicas são realmente as

---

37. BARASH, M. *Imago hominis* – Studies in the Language of Art. Viena: Irsa, 1991, p. 16.
38. "Urgia aos artistas fazer funcionar o rosto como campo de expressão. Não é de impressionar-se que por essa razão, entre outras, eles desenvolveram modelos e motivos formais que pareciam destinados a [...] tornar a expressão facial menos ambígua. A julgar pelo testemunho silencioso dos quadros e das estátuas, algumas configurações de traços exercem a função clara de signos reconhecidos: a elevação das sobrancelhas e a abertura escancarada da boca eram fórmulas aceitas para representar a dor" (BARASH, M. Ibid., p. 16). Sobre a noção de *pathos formeln*, cf. WARBURG, A. *Gesammelte Schriften*. Leipzig/Berlim: [s.e.], 1932, p. 443ss. • GOMBRICH, E.H. *Aby Warburg*: An Intellectual Biography. Londres, 1970, p. 231ss.

de constituir uma representação durável da fisionomia humana, um espelho para rostos que não teriam mais a fugacidade dos olhares, a inconstância dos reflexos, a instabilidade das emoções. A fisiognomonia atribui-se a função de um espelho onde nada se apague: um discurso que saiba guardar a memória dos corpos:

> E ainda que os espelhos dos quais nos servimos representem imagens que se apagam instantaneamente da memória, o mesmo não se pode dizer de quem faz retratos permanentes e duráveis dos quais raramente perdemos a lembrança[39].

Dispositivos

Estas últimas observações nos reconduzem às questões que introduziram este texto. Somos levados a crer, tendo em vista a constância que levou a constituir esta longa tradição de decifração das aparências, que não é por simples metáfora ou por complacência com um modo qualquer, que ainda hoje se fala em "ler o corpo". A percepção da fisionomia está inscrita desde há muito tempo na profundidade antropológica daquilo que Carlo Ginzburg denominou "paradigma do indício"[40], isto é, numa antiquíssima racionalidade semiológica. O corpo humano era, e permanece para nós, coberto de signos, mesmo se a natureza destes, o olhar que os decifra, a posição de quem os interpreta e a intenção de quem os exprime se modificaram historicamente. Eu, nas páginas que

---

39. CUREAU DE LA CHAMBRE, M. Op. cit., p. 3.
40. "Signes, traces, pistes – Racines d'un paradigme de l'indice". *Le Débat*, n. 6, 1980.

acabamos de ler, me situei em um momento particular desta longa história, à borda de um limiar onde vemos os indícios fisiognomônicos se desvincular lentamente de um universo interpretativo urdido de analogias entre o corpo humano e o macrocosmo, para falar em seguida a linguagem das paixões, depois a das causas orgânicas oriundas das profundezas da carne. Este desencantamento do corpo é assim contemporâneo à emergência da ciência e do Estado modernos, que, cada um à sua maneira, reivindica de seus subordinados uma legibilidade psicológica e uma previsibilidade social agudas.

Outra aposta deste trabalho era colocar a questão do uso da noção de "formação discursiva", e mais geralmente a da *Arqueologia do saber,* no quadro de um trabalho histórico. A herança de Foucault, sob esta perspectiva, foi obscurecida simultaneamente pelas ambiguidades que lhe eram inerentes, mas também por um uso literal do termo "discurso", imediatamente rebaixado a uma problemática linguística. Tentei mostrar nestas páginas que a expressão "formação discursiva" não se limitava a uma realidade de linguagem, mas devia ser compreendida a partir da complexidade da heterogeneidade histórica daquilo que Foucault denomina "dispositivo": não simplesmente textos, mas imagens e práticas; não somente palavras, mas igualmente coisas, e os olhares que as captam, ou, como o diz Deleuze, "páginas de visibilidade" e "campos de legibilidade".

Retomemos o exemplo desenvolvido ao longo destas páginas. Deste modo poderíamos conceber que a um estrato histórico determinado correspondem um ou vários regimes de visibilidade: uma orientação geral do olhar que viria dar um estilo de percepção particular, uma perspectiva à visão dos seres e das coisas, à maneira deste "termo último" onde Paul Veyne reconheceu o indício da presença de uma formação discursiva. Deste modo o que ordena a percepção dos corpos segundo as lógicas das analogias, das simpatias e das assinaturas até o período da Renascença, ou ainda o que virá em seguida detectar no organismo as leis de funcionamento de uma máquina humana. Mas logo se vê que um regime de visibilidade determina um conjunto complexo de campos de legibilidade, específicos, mas vinculados, que lhe conferem em troca uma existência material. É o caso das classificações fisiognomônicas, assim como do sistema de representações anatômicas ou pictóricas, ou ainda das regras de civilidade: assim as fisiognomonias são um conjunto complexo de discursos (os tratados e seus textos), de tecnologias (a tipografia e sua razão gráfica), de modelos cognitivos de reconhecimento (os esquemas perceptivos mais ou menos explícitos, mais ou menos conscientes, *pathosformeln* subjacentes aos protocolos de leitura das expressões faciais e de interpretação dos gestos corporais), ilustrados nos quadros, produzidos nos gestos, em suma: inscritos nos usos sociais, dando forma e consistência a uma série de práticas. Tudo isso poderia constituir os objetos de uma história do corpo dos homens em sociedade, se somente os corpos permanecem indissociáveis das palavras que os dizem e dos olhares que os perscrutam. Eis exatamente lá o paradoxo inscrito no coração mesmo do pensamento de Michel Foucault: quando se pergunta pelas profundezas da carne, são outro tanto a espessura sedimentada da linguagem e os múltiplos deslocamentos do olhar que respondem. Nenhuma história do corpo que não seja uma arqueologia dos discursos e uma genealogia dos olhares.

III
UMA ARQUEOLOGIA DA CURIOSIDADE
O teatro dos monstros no século XVIII

O transeunte que se aventurava em meio aos labirintos da feira Saint-Laurent em agosto de 1752 podia ali contemplar um espetáculo insólito. Numa cabana, entre duas barracas de mercado de tecidos, um tronco humano, sem braços nem pernas, mas ao qual eram fixados dois pés e duas mãos, ocupava-se em estranhos exercícios. Ele carregava uma baioneta, a cabeça coberta por um turbante. Uma multidão de curiosos afluía todo dia para descobrir o Petit Pépin, que conheceu a glória efêmera dos fenômenos de feira em Paris, na segunda metade do século XVIII. Nascido em Veneza em 1739, respondendo pelo nome afrancesado de Marc Cazotte, ele se produzia vestido de um traje de teatro elementar, que evocava o Oriente. Este monstro à moda turca morreu em Paris em 1801, aos sessenta e dois anos de idade. Ele foi imediatamente autopsiado, e seu esqueleto veio naturalmente a tomar acento nas coleções do Museu Dupuytren, onde permaneceu. Passagem exemplar de uma "curiosidade humana" do Século das Luzes: um nascimento provavelmente situado sob o signo do prodígio ou do pecado, uma infância propagandeada em feiras e mercados, uma idade adulta passada a divertir os transeuntes nas praças públicas, uma morte imediatamente confiscada pela medicina. A religião, depois a feira, enfim a ciência: pressente-se que este destino de um monstro condense as etapas de uma história geral dos anormais, e as curiosidades que eles suscitam.

Ao termo de um longo percurso histórico, com efeito, o olhar curioso que livremente ia então se divertir com o espetáculo das deformidades humanas perdeu lentamente sua inocência e pouco a pouco cobriu-se de objeções morais. Ele começou a desviar-se, a partir dos dois últimos decênios do século XIX, da exibição dos "fenômenos vivos", que constituía ainda, no entanto, alguns anos antes, uma distração de massa, e alimentava um lucrativo comércio. As causas da extinção desta forma de curiosidade, da eclipse das exibições teratológicas, da dispersão dos públicos da monstruosidade, são múltiplas e complexas. Voltaremos a este ponto. Elas se reportam primeiramente a uma transformação da amplitude das sensibilidades que vai, sempre mais nitidamente ao longo do século XIX, descobrir o homem no monstro e nutrir uma compaixão crescente pelas misérias anatômicas das ruas e das feiras. Elas participam ainda de uma divisão social crescente dos públicos, da elaboração de uma lista negra e do controle administrativo de determinadas formas de cultura popular, subitamente julgadas obscenas ou vulgares. Elas dependem, enfim, de uma incorporação definitiva pela medicina da questão teratológica, e de uma definição tornada científica da observação dos monstros humanos. Do ponto de vista da moral como daqueles do gosto e da ciência, algumas curiosidades vão tornar-se doentias, algumas atrações suspeitas, alguns olhares indecentes[1].

Uma canalização progressiva da curiosidade popular; um controle moral, administrativo e racional do olhar; um distanciamento e uma abstração crescentes de seus objetos: tais são os grandes traços do lento processo que culminará, ao longo do século XX, no desaparecimento de formas extremamente antigas de curiosidade pela exibição pública dos monstros humanos. Lá reside todo o interesse que permite apreender os espetáculos da rua, os divertimentos das feiras, o prazer das multidões na cidade do século XVIII: uma era de transição da cultura popular e uma cultura intermediária do olhar que participam ainda, mas se desprendem progressivamente, das formas de admiração que prevaleciam na cidade antiga; que traçam o esboço ainda incerto daquilo que serão as diversões de massa da cidade moderna. A exibição do Petit Pépin, atração da Feira de Saint-Laurent em 1752, convida assim a uma arqueologia desta curiosidade que atualmente denominamos popular: quais eram seus dispositivos, suas encenações, seus discursos, seus públicos? Encontrar-se-á aqui alguns elementos de resposta a tais questões.

Gostaria de situar primeiramente estas interrogações na perspectiva de uma história dos corpos, indissociável, já o vi-

---

1. Sobre este conjunto de pontos, cf. este capítulo e o próximo, e também COURTINE, J.-J. "Le désenchantement des monstres". In: MARTIN, E. *Histoire des monstres de L'Antiquité à nos jours*. Grenoble: Jérôme Millon, 2002 [1893]. • "Le corps inhumain". In: CORBIN, A.; COURTINE, J.-J. & VIGARELLO, G. (dir.). *Histoire du corps*. Op. cit. Vol. 1, p. 373-386 [*História do corpo*. Petrópolis: Vozes, 2008]. • "Le corps anormal – Histoire et anthropologie culturelles de la difformité". In: CORBIN, A.; COURTINE, J.-J. & VIGARELLO, G. (dir.). *Histoire du corps*. Op. cit. Vol. 3, p. 201-262 [*História do corpo*. Petrópolis: Vozes, 2008].

mos, da história dos olhares que os captam, os detalham, os perscrutam. E já que estas páginas não medem esforços para fazer, a este respeito, um balanço da herança foucaultiana, nelas frisaremos aqui até que ponto esta herança foi fundamental: história da constituição do olhar clínico, genealogia dos dispositivos de identificação e de vigilância dos corpos criminosos, questionamento dos poderes de normalização que primeiro isolam e depois distinguem os "anormais", a obra de Michel Foucault desvela sem nenhuma dúvida lanços inteiros de uma história do olhar. Pretendo, no entanto, sugerir aqui um prolongamento disso, explorando um domínio que Foucault pouco frequentou, e sem dúvida bastante negligenciado, no curso que ele consagrou aos "anormais"[2]. As primeiras lições estabelecem claramente: dedicando-se a uma espécie de "arqueologia da anomalia"[3], ele ali mostra como "o grande modelo", a figura tutelar do anormal que encarnava o monstro pouco a pouco se obscureceu, enfraqueceu em uma multidão de pequenas delinquências individuais que uma miríade de projetos disciplinares empenhar-se-á em corrigir ao longo do século XIX, pelo desenvolvimento contínuo de um "poder de normalização". Ele, nestas páginas, se distancia de uma ideia do poder como repressão ou exclusão, e inscreve a produção das normas do lado da "invenção das técnicas positivas do poder"[4]: o monstro, para Foucault, não permanece mais acantonado às esferas da Medicina, das Ciências Naturais, do Di-

---

2. FOUCAULT, M. *Les anormaux* – Cours au Collège de France, 1974-1975. Paris: Gallimard/Le Seuil, 1999 ["Hautes Études"].
3. Ibid., p. 55.
4. Ibid., p. 44.

reito e das instituições curativas, educativas e penais que lhe são vinculadas. Obviamente, ele ocupa realmente um espaço opcional nos debates medicinais, filosóficos e científicos que, ao longo do século XVIII, se perguntam por sua origem. E constitui outro tanto um problema essencial no domínio jurídico ao questionar, por sua vez, a lei. Mas ele é onipresente, acabamos de vê-lo, na sociedade do espetáculo, e o será sempre mais até os últimos decênios do século XIX. Entretanto, a presença insistente das "curiosidades humanas" nas barracas das feiras do século XVIII, os incontáveis "fenômenos vivos" dos palcos e das festas populares do século XIX restam quase invisíveis dentre as monstruosidades evocadas por Foucault. Como se, para existir, os monstros não pudessem ter de se haver senão com a ciência e a lei. E não obstante, a observação das curiosidades e das diversões populares fornece um terreno privilegiado a esta arqueologia do anormal que Foucault havia em projeto: um vínculo genealógico evidente com a tradição imemorial das maravilhas e prodígios, um lento processo de desencantamento que racionaliza pouco a pouco a deformidade despojando-a de suas referências sagradas, uma imposição de normas corporais que se efetua à saída do espetáculo, apoia-se sobre sua fascinação, exerce atrações antes que coerções, seduz ou estupefaz, estarrece e diverte. Foucault vê perfeitamente os monstros que assombram os livros de anatomia, que questionam os tratados jurídicos, que dão lugar aos pareceres médicos, que provocam processos, sofrem sanções; mas raramente aqueles que aguardam esmola na afluência das esquinas e na soleira das igrejas, aos espetáculos dos quais acorrem os transeuntes das feiras de Saint-Germain ou de Saint-Laurent, e mais tarde as multidões da Feira do Trono. Imagina-se desde então a possibilidade de outra história do olhar, que me parece ter fugido à perspectiva foucaultiana: ela seria menos aquela dos controles que das diversões, menos aquela dos prazeres buscados que das coerções sofridas, das atrações antes que das vigilâncias.

Monstros e maravilhas

Os arquivos são abundantes. Se é verdade que as exibições teratológicas quase não deixaram rastos nos espetáculos das cidades antes de suas primeiras menções nas feiras parisienses no século XVII, é possível encontrar, no entanto, na exibição e no comércio das anomalias anatômicas, inúmeros precedentes. Deste modo, os tratados eruditos sobre a geração dos monstros indicam sua existência. Em 1429, em Aubervilliers, duas irmãs siamesas "foram batizadas e viveram três dias para que o povo de Paris pudesse ver esta grande maravilha. E, a bem da verdade, mais de dez mil parisienses, tanto homens quanto mulheres, vieram vê-las, e por graça de Nosso Senhor a mãe delas foi curada e salva"[5]. Em 1475, relata ainda Ambroise Paré, duas meninas grudadas pelos rins nascem em Verona. "Dado que seus pais eram pobres, elas foram levadas a várias cidades da Itália visando a recolher dinheiro do povo, fortemente interessado por este novo espetáculo da natureza". Em 1530, em Paris, vivia um homem de

---

5. "Journal d'un bourgeois de Paris à la fin de la Guerre de Cent Ans. Paris: [s.e.], 1963, p. 110, apud GÉLIS, J. L'Arbre et le fruit – La naissance dans l'Occident moderne, XVIe-XIXe siècles. Paris: Fayard, 1984, p. 352.

cujo ventre saía outro "e carregava assim o corpo entre seus braços tão maravilhosamente que o mundo assemelhava-se a um grande exército para vê-lo"[6].

Os tratados de monstros, prodígios e maravilhas da natureza, que registram formas longínquas de curiosidade, trazem assim à memória a existência, desde a época mais remota, um espetáculo e um comércio episódico da monstruosidade. Curiosidade largamente compartilhada: as mesmas fontes mencionam inúmeros exemplos de interesse aristocrático e erudito. Se o povo se deslocava em massa para ver as vergônteas monstruosas, os príncipes faziam-se levá-las em domicílio. O mercado ambulante era a regra deste comércio, e a geografia tradicional da exposição pública das monstruosidades era assim extremamente ocasional e dispersa: lugares de parto insólitos, esquinas e praças, aglomerações festivas, todo local onde um óbolo caritativo podia ser angariado.

A história da monstruosidade como espetáculo, portanto, é aquela de sua longa desvinculação deste universo religioso de milagres e de piedade. Ela começa verdadeiramente, para além das peregrinações de curiosos ocasionadas pelos nascimentos monstruosos, com sua teatralização nas feiras. As primeiras exibições de fenômenos vivos, sistematicamente registradas ao longo do século XVIII, são ligadas às origens do teatro popular, e à sedentarização periódica de toda uma população nômade, companhias de teatro ambulantes, saltimbancos e charlatães de todo gênero, nos terrenos das aba-

---

6. PARÉ, A. *Des monstres, des prodiges, des voyages* (1573). Paris: Livre Club du Libraire, 1964, p. 187.

dias parisienses por ocasião das feiras que ali se realizavam por privilégio real[7].

Estas aglomerações de origem religiosa, de natureza comercial, sempre foram ocasiões de diversão popular. A feira é prima do carnaval. Mas elas iriam ser colonizadas sempre mais nitidamente entre 1650 e 1750 por empreendedores de espetáculos vindos a propor às consideráveis multidões que para ali afluíam toda espécie de curiosidades e distrações. Assim, no início do século XVII, a assembleia de Saint-Germain-des-Prés autoriza comediantes a construir barracas sobre seu terreno e concede permissões semelhantes para malabaristas de cordas, marionetistas, apresentadores de animais selvagens e de curiosidades humanas[8].

---

7. Sobre as feiras parisienses sob o Antigo Regime, cf. PARFAICT, F. & PARFAICT, C. *Mémoires pour servir à l'histoire des spectacles de la Foire par un acteur forain*. 2 vols. Paris: Briasson, 1743. • *Dictionnaire des Théâtres de Paris contenant toutes les pièces... ainsi que les opéras comiques et les principaux spectacles des Foires Saint-Germain et Saint-Laurent*. 7 vols. Paris: Lambert, 1756. • *Affiches de Paris* – Avis Divers. 6 vol. Paris: A. Boudet, 1746-1751. • *Almanachs forains, ou les différents spectacles des foires et des boulevards de Paris et des principales villes d'Europe*. 6 vols. Paris: Veuve Duchesne, 1773-1778. • PETIT DE BACHAUMONT, l. *Mémoires secrets pour servir à l'histoire de la République des Lettres en France depuis 1762 jusqu'à nos jours*. 36 vols. Londres: John Adamson, 1774-1789. • ESCUDIER, G. *Les saltimbanques*. Paris: M. Levy Frères, 1875. • COMPARDON, E. *Les spectacles de la Foire* – Théâtres, acteurs, sauteurs et danseurs de corde, monstres, géants, nains, animaux curieux et savants, marionnettes, automates, figures de cire et jeux mécaniques des Foires de Saint-Germain et Saint-Laurent, des boulevards et du Palais Royal depuis 1595 jusqu'à 1791. 2 vols. Paris: Berger Levrault, 1877. • HEULARD, A. *La Foire de Saint-Laurent*. Paris: A. Lemerre, 1878. • FOURNEL, V. *Le vieux Paris* – Fêtes, jeux et spectacles. Tours: Mame, 1887. • ISHERWOOD, R.M. *Farce and Fantasy* – Popular Entertainment in Eighteenth Century Paris. Nova York: Oxford University Press, 1986.

8. Cf. FROMAGEOT, P. "La Foire de Saint-Germain des Prés". *Bulletin de la Société Historique du VIème arrondissement*, 1901, p. 185-248; 1902, p. 46-140. • LÉRI, J.-M. "La Foire Saint-Germain". *Bulletin de la Société Historique do VIe arrondissement*, 1974-1975, p. 12-13.

As exibições ocorriam, a maioria delas, no interior mesmo da feira, em cabanas alugadas para este fim, ladeando as lojas dos comerciantes. As duas grandes feiras parisienses, Saint-Germain e Saint-Laurent, constituem, portanto, um espaço misto onde espetáculos e comércio vivem em harmonia. Elas abrigam uma atividade cíclica e sazonal: animais exóticos e excentricidades humanas retornavam em província durante os verões, depois, no inverno, voltavam a Paris para reencontrar, sob o espaço livre entre as habitações feirantes, o público e os lucros que somente a capital lhes podia proporcionar. Os espetáculos de curiosidade se aproveitavam da afluência e do favor do qual se beneficiavam então os teatros da feira.

Pois existe incontestavelmente, no final do século XVII e nos primeiros decênios do século XVIII, uma demanda aguda de diversão por parte do público das grandes cidades. O primeiro teatro feirante propriamente dito, aquele dos irmãos Alard, surgiu na Feira de Saint-Germain em 1678. Pouco a pouco, trupes feirantes se organizam e se multiplicam, concorrendo com os teatros oficiais, e desencadeiam com os Comediantes Franceses e Italianos uma longa rivalidade que durará ao longo de todo o século XVIII. Este desejo de distrações novas, cuja emergência observa-se nas grandes cidades, é produto da urbanização, do desenraizamento, da existência de multidões citadinas sempre mais numerosas, engendrando formas culturais que lhes são próprias. Em Londres, como em Paris, teatros, passatempos e espetáculos proliferam ao longo do século XVIII. A demanda aumenta, tende a tornar-se constante, a extrapolar o calendário religioso que regrava a periodicidade e a duração das feiras, a transgredir privilégios e tradições que delimitavam um perímetro às distrações, a estender-se para além das capitais. Advindos de todas as partes, e de todos os contextos sociais, os públicos se comprimiam diante das barracas.

Desmembramentos cômicos

O que nos revolve ao Petit Pépin. Sua sorte não tinha nada de excepcional: ele teve inúmeros coirmãos, monstros "por defeito" que, assim como ele, se davam ao espetáculo das ruas. Os exercícios do homem-tronco da Feira de Saint-Laurent não tinham, eles também, nada de original: eles faziam parte de uma tradição burlesca solidamente implantada na cultura das ruas, divertimentos monstruosos dos quais encontramos inúmeros rastos nos tratados teratológicos, nas crônicas feirantes, mas também nas memórias e jornais de outrora.

Ambroise Paré, dentre muitos outros, se recorda assim de ter visto em Paris alguns exemplares destas monstruosidades "por defeito da quantidade de sêmen", como ele os denomina: em um mundo natural situado sob o signo da analogia, a ausência ou a redução de membros era a assinatura mais legível do déficit do sêmen masculino. Os homens-troncos são seres *em menos*, protótipos de uma das grandes divisões das classificações teratológicas. Entretanto, ao observar mais de perto suas evoluções ambulantes, ao compreender os discursos que os acompanham, tem-se acesso a uma lógica mais profunda e mais geral dos espetáculos monstruosos, compreende-se a natureza da atração que eles exercem sobre os olhares, vê-se atuar os mecanismos do dispositivo da curiosidade que eles suscitam.

> Acabo de ver em minha casa um pequeno homem natural de Nantes, nascido sem braços, que tão bem aperfeiçoou seus pés num serviço que lhe deviam prestar suas mãos que quase lhes faziam esquecer seu ofício natural. Em suma, ele os nomeia "minhas mãos", e com eles ele fatia, carrega uma pistola e a dispara, enfia uma agulha, costura, escreve, tira o boné, se penteia, joga baralho e dados e os move com tamanha destreza como qualquer outro ser normal saberia fazê-lo; o dinheiro que lhe dei (já que ele ganha a vida se mostrando), ele o recebeu com seu pé, como nós o fazemos com nossa mão. Vi outro, sendo criança, que manuseava uma espada à duas mãos e uma alabarda do colarinho dobrado e, mesmo sem ter mãos, lançava-os ao ar e os pegava novamente, arremessava uma adaga e fazia tilintar tão bem um chicote quanto um carreteiro *de France*[9].

O testemunho de Montaigne o comprova: existia assim uma tradição popular muito antiga de exibição dos homens sem membros, e um conjunto rotineiro de exercícios exibidos publicamente. Em 1562, escreve Ambroise Paré, um homem sem braços, entretanto forte e robusto, se apresentava em Paris, "o qual fazia quase todas as ações que um outro podia fazer com suas mãos, a saber: com seu pequenino ombro e a cabeça, investia um machado contra um pedaço de madeira tão forte quanto outro homem podia fazê-lo com seus braços. Da mesma forma, ele fazia tilintar um chicote de carreteiro, e realizava várias outras ações; e com seus pés comia, bebia

---

9. MONTAIGNE. *Essais*, I, 28. Paris: Gallimard: La Pleiade, p. 108.

e jogava cartas e dados"[10]. Em 1573, Paré se recorda ainda de ter visto em Paris, no pórtico Saint-André-des-Arts, uma criança de nove anos exposta ao público por seus pais.

> Este monstro não tinha senão dois dedos na mão direita, e o braço era suficientemente bem formado desde o ombro até o cotovelo, mas do cotovelo aos dois dedos era muito disforme. O monstro não tinha pernas, mas sai-lhe da coxa direita uma figura incompleta de um pé, aparentando quatro dedos; da outra coxa esquerda saía de seu centro dois dedos, um dos quais quase parecia uma verga viril[11].

Homens sem braços que realizavam, não obstante isso, o que somente são capazes os que possuem dois: manusear o machado e o chicote, tarefas viris, ou simplesmente comer ou beber, atividades ordinárias. Uma criança com dedos atrofiados ou ausentes, um ser em menos, que, no entanto, em sua incompletude, parece ter um traço a mais, quase um segundo falo. Menos que homem, e mais que homem.

Os exemplos abundam ainda no século XVII e seguem o mesmo cenário. Schlenck ilustra em 1609 sua *História de monstros* com uma figura representando Thomas Schwiker ocupado em escrever com seus pés, e reproduz um poema composto por este homem sem braços[12]. Licetius observa em 1642 em Pádova, na feira Santo Antônio, uma criança de dois anos, sem mãos e sem pernas, "que se locomovia sobre

---

10. PARÉ. A. Op. cit., p. 198-199.
11. Ibid.
12. SCHLENCK, J.G. *Monstrorum Historia.* Frankfurt: [s.e.], 1609, p. 30-36.

o tronco de seu corpo"; uma criança sem braços em Veneza, "que erguia todas as coisas com seus pés; ela colocava em seu bolso a esmola que lhe davam e descobria facilmente sua cabeça para saudar os que vinham ter com ela"[13]. Em Copenhagen, outro destes monstros, "que tinha a mão seca e morta, fazia tudo com seus pés". Ele também usava com destreza o machado. Observações semelhantes na Inglaterra junto à Bulwer ou nas crônicas de Morley[14]. Compilando mais tarde anedotas de igual natureza, Fournel traz à tona um Breton sem braços que se dava em espetáculo em 1586 em Paris segundo a mesma lógica de atividades ordinárias (ele escrevia, lavava um copo, tirava seu chapéu, jogava dados, cartas e chinquilhos...) e de proezas viris (ele atirava com o arco, o carregava, o embrulhava, o desmontava e disparava uma pistola)[15]. Havia realmente uma codificação, de origem obscura e longínqua, mas constante e quase universal, desse gênero de exibição. E as crônicas exageram muitas vezes na descrição dos detalhes anatômicos de corpos que evocam um esboço de membros ausentes: aqui unhas saindo de uma mão sem dedos, lá dedos que afloram de um tronco sem braços[16], lá ainda a "verga" percebida por Paré. Sobre a anatomia de homens incompletos vagueiam membros fantasmas, emergem ombros fálicos.

---

13. LICETIUS, F. *De monstrorum causis*. Pádua: [s.e.], 1668, p. 301-302.
14. BULWER, J. *Anthropometamorphosis*. Londres: William Hunt, 1653, p. 302.
• MORLEY, H. *Memoirs of Bartholomew Fair*. Londres: Ballantyne Press, 1859, p. 251 e 252.
15. FOURNEL, V. *Le vieux Paris* – Fêtes, jeux, spectacles. Tours: Mame, 1887, p. 364.
16. LICETIUS. F. Op. cit., p. 300-303.

A teatralização do disforme

Eis, portanto, um dos espetáculos que atraía os curiosos ao terreno das feiras de Saint-Germain, Sainte-Ovide, ou Saint-Laurent: a exposição da monstruosidade por defeito ali fornecia um número clássico de diversão popular, e constituía um gênero consagrado da cultura visual dos mercados e das ruas da cidade tradicional. Este burlesco do indivíduo desmembrado vai assumir uma dimensão nova com a teatralização dos monstros ao longo do século XVIII. Desprende-se deste fato que em Paris, ao passo que declinavam as feiras tradicionais, e que as ruas se enchiam de teatros feirantes, os monstros acabaram se multiplicando nos tablados. Assim, sempre mais frequentemente, anões e gigantes, homens e mulheres-tronco, abandonavam as ruas onde mendigavam o óbolo para se transformarem em artífices da própria função, em inúmeras peças de teatro popular, exibidas nos palcos. Com esse passo mais nitidamente superado da caridade ao comércio, ainda é um pouco das antigas percepções religiosas de monstros humanos que se desfez. As "curiosidades humanas" saem lentamente de um universo do assombro e do milagre, do furor divino e da manifestação diabólica, para tornar a exercer uma função confusa, visando à atração ambígua na esfera da diversão. É assim que no século XVIII incontáveis anões de palco sucedem aos anões palacianos. Dentre os primeiros, o Petit Moreau [Pequeno Morzelo], de vinte e oito polegadas de altura, iria suplantar seus coirmãos e estrear uma longa carreira teatral em 1769 em Ambigu, que perseguiu com sucesso nas Variedades e no Teatro dos Jovens

Artistas[17]. Os gigantes se conquistam um sucesso do tamanho de seus corpos: já no século XVII, um gigante exibido sobre a Pont Neuf concorria, dizem, só por sua presença, com a trupe de Molière em seus inícios. O repertório de leviandades apropria-se no século XVII do tema do gigantismo e confia às curiosidades das feiras o cuidado de ali exercer seu próprio papel: o teatro de Ambigu coloca em cartaz em 1789 uma brincadeira, *O gigante desarmado pelo amor*, pretexto para a exibição de um fenômeno de sete pés e dois polegares de altura, valorizado por uma anã que lhe fazia a réplica[18]. E quando o monstro permanece solteiro, como aquele fenômeno sem pés, nem mãos, nem texto que se produzia em 1740 na feira de Guibray, é no repertório do cômico teatral que ele vai procurar-se um nome artístico: Scaramouche (o bobo do antigo teatro italiano)[19].

Os monstros, portanto, exercem a função de atores. Mas os atores, quanto a eles, exibem-se como monstros, e deste modo apresentam, *a contrario*, a confirmação da extrema permeabilidade do teatro, mesmo oficial, à exibição monstruosa. A Comédia Francesa ofereceu em 1709 uma peça em versos e em um ato de Le Grand, intitulada *A feira de Saint-Laurent*. A atração principal era a representação do "Homem sem

---

17. SAINT-PAUL, F.-M.M. *Le croniqueur désoeuvré ou l'Espion du Bd du Temple...* 2 vols. Londres: 1782, vol. I, p. 68; vol. II, p. 56. • BRAZIER, N. *Chronique des petits théâtres de Paris depuis leur origine*. 2 vols. Paris: E. Rouveyre, 1883, vol. I, p. 125. • FOURNEL, V. *Le vieux Paris*. Op. cit., p. 372.
18. COMPARDON, E. Op. cit., p. 375-376. • FOURNEL, V. *Le vieux Paris*. Op. cit., p. 380: "[...] Dois anos depois, o Teatro dos Grandes Dançarinos do Rei mostrava um Golias de sete pés e meio, ao mesmo tempo um Hércules acrobata [que] erguia uma mesa com dezesseis homens sobre ela".
19. Archives de la Préfecture de Police de Paris: DB 202. "Foire de Guibray".

braços", que naqueles anos era uma das atrações maiores da feira: é com os pés que o ator tirava seu chapéu, embaralhava cartas, e tocava o xilofone[20].

Mas isso ainda não é tudo. A promoção da deformidade inventa novas formas publicitárias. O rumor anunciava outrora a presença de um monstro na cidade, e levava os curiosos ao local de sua exibição. As folhas soltas, vendidas em leilão pelos vendedores ambulantes, espalhavam desde a segunda metade do século XVI[21] a novidade do evento, e o situavam sob o signo da maldição e do prodígio, em uma cultura onde a estupefação diante do monstro permanecia vinculada ao temor divino. As feiras e as ruas do século XVIII oferecem aos olhares do habitante citadino um universo diferentemente desencantado, onde as deformidades anatômicas se comercializam ao se teatralizarem, e nas quais o exercício da curiosidade popular se inscreve sempre mais em uma cultura da diversão.

Deste modo as exibições se fazem acompanhar doravante de uma abundância de cartazes publicitários, de anúncios publicados em almanaques populares. O que prometem aos curiosos, pois, estas primeiras formas de publicidade consa-

---

20. HEULARD, A. Op. cit., p. 126-127. Cf. tb. *Soirée des boulevards*. Improviso dramático de Favard, representado em novembro de 1758 pelos comediantes italianos, no qual Madame Favard aparecia em cena imitando o jargão de uma mulher que, nas feiras, "mostra a curiosidade". "Vocês vão ver aquilo que vocês vão ver", dizia ela (KASTNER, J.-G. *Le voix de Paris* – Essai d'une histoire littéraire et musicale des cris populaires de la capitale, depuis le Moyen Âge jusqu'à nos jours. Paris: J. Brandus/Dufour, 1857, p. 54).

21. Cf. SEGUIN, J.-P. *L'information en France avant le périodique* – 517 canards imprimés entre 1529 & 1631. Paris: Maisonneuve, 1964. • WILSON, D. *Signs and Portents* – Monstrous Births from the Middle Age to the Enlightenment. Londres/Nova York: Routledge, 1993. • COURTINE, J.-J. "Le corps inhumain". Op. cit.

gradas à promoção do bizarro? Eis o anúncio que convidava ao espetáculo do Petit Pépin em Saint-Laurent, em 1752[22]:

> Por permissão do Rei
> E do Senhor Primeiro-Tenente Geral de Polícia
> Senhores e Senhoras,
> Noticiamos que chegou a esta cidade o Senhor Paschal Discol, Veneziano, com um menino sem igual.
> Semelhante criatura nunca veio ao mundo.
> Este menino tem 16 anos, tendo dois pés menos um polegar de altura; sem pés nem pernas, tem braços e mãos, e suas mãos são coladas aos ombros, e seus pés às ancas.
> Ele fala várias línguas diferentes: é belo de rosto, e muito simpático; possui a arte de encantar as damas que o honram com a sua presença. Ele se chama Petit Pépin. Ele se alimenta e bebe totalmente sozinho, como qualquer homem perfeito. Ele executa o exercício da adaga em punho, e é determinado. Dobra seu corpo de todas as formas sem cair. Ele canta, dança e salta, mesmo sem braços. E recolhe do chão uma moeda sem nenhuma dificuldade.
> Ele teve a honra de apresentar-se diante de sua Majestade Imperial, e de inúmeros Príncipes e Princesas da Europa.
> Pode-se vê-lo, das 9 horas da manhã às 9 horas da noite, na Feira Saint-Laurent, entrando pelo Pórtico de Saint-Martin, pela rua dos Três Pavilhões.
> Licença de impressão concedida neste 19 de agosto de 1752.

---

22. Apud HEULARD, A. *La Foire Saint-Laurent*. Paris: A. Lemerre, 1878.

Esta apresentação é canônica: ela, em sua estrutura e em sua argumentação, segue rigorosamente o modelo do discurso com o qual se convida, ao longo do Século das Luzes, em toda parte, a participar de espetáculos de monstruosidades humanas, e incita a população a não resistir à curiosidade por prodígios anatômicos. É de forma totalmente semelhante que, em 1726, se divulga a presença de um alemão sem braços à feira Saint-Germain, e, no mesmo local, a presença de um professor originário de Spa (Bélgica), acometido de enfermidade semelhante, ou aquela de "Scaramouche", o homem-tronco, na Feira de Guibray, em 1740[23]. Mas este discurso tem um valor bem mais abrangente: ele torna-se paradigma das formas de construção discursiva da curiosidade, ao mesmo tempo em que ele presta contas da transformação desta última, na cultura urbana do insólito, que se constitui ao longo do século XVIII.

A fabricação da curiosidade

O que dizem efetivamente estes discursos? Eles respondem primeiramente, à sua maneira, ao eterno debate sobre a

---

23. Eis a do "alemão sem braços" (SAINT-GELAIS, L.-F.D. *Histoire journalière de Paris* – "Prolongation de la Foire de Saint-Germain de 1716", Heulard. Op. cit., p. 132): "A feira de Saint-Germain, neste ano, não foi fortemente fecunda em curiosidades. Nela se apresentou um alemão sem pernas e mãos, não tendo senão dois cotos, num dos quais somente havia uma espécie de polegar, de uma carne cartilaginosa, mais parecendo uma excrescência; e, não obstante assim mutilado, ele fez coisas surpreendentes: serviu-se dos seus dois cotos, e com tamanha destreza, ao ponto de dominar uma pluma, de escrever perfeitamente, e inclusivamente fez traços, tocou xilofone, limpou copos, brincou de interpretação de cartas, disparou um fuzil, derrubou dois palitos muito próximos um do outro sem esbarrar em um candelabro posto no meio deles, e, o que parecia quase igualmente extraordinário, é que este homem assim feito tinha uma mulher muito bonita, e um filho: e os dois encontravam-se à soleira da porta do espetáculo".

origem dos monstros. De onde procedem, pois, os monstros que se anunciam nas feiras? Tão simplesmente: *de alhures*. "Noticiamos que chegou a esta cidade o Senhor Paschal Discol, Veneziano, com um menino sem igual..." Chegou um alemão, um belga, ou simplesmente alguém: omite-se aqui a preocupação com a enumeração das causas da monstruosidade às quais os tratados eruditos consagram então tantos desenvolvimentos. Nenhuma necessidade de invocar Deus ou o diabo, e nenhuma necessidade ainda de apelar para a ciência. Na cultura da praça pública, lá onde o monstro sente-se verdadeiramente em casa, ele simboliza antes de tudo a admiração de um alhures, mesmo se a distância da Alemanha, da Itália ou da Bélgica seja, no século XVIII, totalmente relativa. É esta proximidade mesma que é impressionante. No auge de sua teatralização à americana, quando Barnum e seus coirmãos reinarão sobre a construção imaginária do fenômeno de feira nos anos de 1850, as origens far-se-ão mais longínquas, as encenações mais exóticas, as transformações mais carregadas: a admiração reivindica então uma maior expatriação. A credulidade é proporcional à sedentarização: o habitante das cidades do século XVIII ainda está prestes, quanto a ele, a admitir uma certa proximidade geográfica do maravilhoso humano. A deformidade corporal, mesmo próxima, conserva todo seu mistério.

A alteridade geográfica do objeto é, portanto, a primeira regra de construção da "curiosidade humana", e o preâmbulo de toda admiração. O exame dos arquivos disponíveis o confirma: nos cartazes, anúncios, almanaques, nenhum eco, mesmo enfraquecido, mesmo deslocado, dos debates sobre a origem que ao longo do século XVIII agitam o mundo erudito das academias. Praticamente nenhum rasto da tese "imaginacionista", que atribui aos efeitos deformantes da imaginação feminina o essencial da responsabilidade na geração do fruto monstruoso, e isso contrariamente ao papel nodal que às vezes pretendeu-se atribuir a esta tese na percepção da monstruosidade[24]. Aquilo que nos mostram estes modos de apresentação dos fenômenos de feira, estas discussões da monstruosidade que atraem a atenção do público popular das ruas, é que o monstro humano se inscreve então em uma espécie de intermédio imaginário: ele não tira mais verdadeiramente seu sentido do universo das origens maravilhosas e sobrenaturais, nem ainda o de uma genealogia científica. É este vazio relativo das crenças que vai ocupar a formação de uma cultura urbana da curiosidade, reassumindo por conta própria e deslocando formas antigas de discussão do insólito.

É, pois, pelo anúncio do surgimento de um alhures no aqui que o discurso entende vacinar a curiosidade: o monstro é estranho porque estrangeiro. Aplica-se então uma segunda regra de construção destes textos a tornar curiosos: a da raridade presumida, da unicidade radical e da exigência de novidade do fenômeno. "Um menino sem igual... Semelhante criatura jamais surgida no mundo..." A necessidade de tal revelação está inscrita nos regimes mais antigos da curiosidade, quer sejam religiosos ou profanos. O que é inédito, no século XVIII, é um desejo de renovação, de reciclagem permanen-

---

24. Pensamos aqui particularmente no livro de Marie-Hélène Huet (*Monstrous Imagination*. Cambridge: Harvard University Press, 1993), inteiramente centrado na preponderância dessa tese.

te dos objetos ofertados à admiração: período inaugural da aceleração histórica dos ritmos do "jamais visto", esta aposta essencial do comércio da curiosidade. Os almanaques feirantes, que refletem, e contribuem ao mesmo tempo para criar as expectativas do público, são sempre mais sensíveis ao longo do século a esta exigência. Constitui-se, com efeito, através de sua recapitulação das diversões da capital, uma memória dos espetáculos, cujo ciclo é anual. Deste modo o *Almanach* de 1777 se felicita das novas peças com as quais o Senhor Zeller embelezou seu gabinete de ótica no Palácio Real, "que lhe dão a cada ano um ar de novidade". Deste modo ainda a mesma publicação se lamenta no ano precedente da enganação que existe para convencer a gastar com o inédito:

> Será que ainda acreditaríamos, após ter-se apresentado na cidade durante um ano inteiro à curiosidade pública, que o mesmo espetáculo descaradamente se apresente na mesma cidade com uma roupagem que se quer totalmente nova? É aquilo que frequentemente acontece, todavia, em Paris; e o que é mais impressionante: semelhantes velhacarias, que enganam a boa-fé do povo, agem como se autorizadas, e continuam sem punição. Os dois irmãos gêmeos e as senhoras irmãs gêmeas, suas esposas, das quais falamos no ano passado, imaginaram apresentar-se de novo na última feira de Saint-Germain e atestam em sua propaganda que nunca se haviam apresentado nesta cidade[25].

A curiosidade torna-se cada vez mais versátil, seus objetos mudam sem cessar. Qual atração poderia realmente exer-

---

25. *Almanach Forain*, 1776, p. 21.

cer a "geminidade", quando as feiras transbordam de albinos, de gigantes, às vezes mesmo de siameses? A admiração perdeu sua candura, os olhares se tornam indiferentes diante da multiplicação e do ritmo dos espetáculos. A moda pouco a pouco estende seu domínio sobre a esfera da distração, como sobre tantos outros setores da vida social. Existem esquisitices ao sabor do dia, deformidades cheias de obsolescência e monstros redondamente fora de moda: construiu-se, no universo do lazer, a categoria cultural do "já visto", esta usura do olhar. O divertimento citadino exigia todo ano, por ocasião das feiras, monstros "fresquinhos".

Estranheza, raridade, unicidade, novidade. Estas regras de construção do ser curioso fornecem a todos estes anúncios seu preâmbulo. Segue a descrição do infortúnio físico do sujeito, que se faz sempre mais preciso à medida que nos afastamos da lógica do inventário barroco de quimeras que povoavam os tratados e as crônicas dos séculos XVI e XVII. No universo do divertimento popular do século XVIII igualmente: os monstros se naturalizam, os corpos são oferecidos ao olhar em uma espécie de literalidade anatômica. Mas, na construção discursiva da curiosidade, a descrição do monstro exerce outra função: ela volta a caracterizar um dano, do qual o sujeito teria sido infelizmente a vítima. Qual podia ser realmente o efeito, sobre os públicos, de tal anúncio?

Castrações burlescas

Podemos compreendê-lo se seguimos o encadeamento narrativo destes modos de apresentação: o dano sofrido é imediatamente reparado; a evocação de uma imagem incompleta do corpo é imediatamente seguida de uma integridade corporal reencontrada. É que ao herói se propôs tarefas difíceis, provas que sua desgraça lhe devia impedir a superação. Tarefas ordinárias, no entanto, elementares para todo corpo normal: beber, comer, escrever, tirar seu chapéu, jogar baralho, descascar uma maçã, tocar tambor... O monstro supera facilmente estes primeiros obstáculos que o recolocam em seu estatuto de indivíduo como os outros, que garantem sua integração nos rituais mínimos da sociabilidade, que o livram da embaraçosa exceção social e da inquietante excentricidade corporal que o marcam. Mas o ser em menos pode fazer mais: daí as proezas viris, as machadadas, os estalidos do chicote, o tiro ao arco e à pistola, todo este conjunto de atividades ruidosas e pungentes. É uma inquietação de outra natureza que se encontra então dissipada para o público que segue as evoluções do Petit Pépin, baioneta à mão: a multiplicação das proezas fálicas, desde sempre inscrita na encenação dos seres incompletos, dá sentido à exibição. Do ponto narrativo, trata-se da reparação de um dano fundamental do qual o herói foi vítima. O objeto perdido foi recuperado, a tarefa cumprida, a busca pode interromper-se: a história se encaminha para um final feliz. Do ponto de vista da imagem do corpo, que estes discursos e estas exibições elaboram, a completude é reencontrada, o invólucro corporal é restaurado integralmente, e a carência é satisfeita. Aquilo que a exposição dos homens sem-membros oferece ao público de curiosos nas feiras parisienses do século XVIII é uma teatralização burlesca da castração: ela encena e descreve a expressão de uma inquietação diante da imagem de um corpo metaforicamente desprovido de seus atributos fálicos; em seguida organiza o recalcamento deste medo em uma restauração divertida desta mesma imagem. A exibição monstruosa surpreende e inquieta, em seguida tranquiliza; e finalmente diverte. O homem sem braços faz rir.

Lá está a última coerção à qual o corpo monstruoso deve dobrar-se na cultura da deformidade cômica das feiras e dos teatros de variedades. É que o público parisiense se tornou, literalmente, mais observador. Espera-se mais do monstro de teatro que da antiga bizarrice das ruas. Vê-se então surgir, junto aos seres disformes que povoam as barracas e os teatros de feira da segunda metade do século XVIII, talentos novos: Pépin fala várias línguas, canta, dança. Já não basta mais surpreender, é necessário seduzir as mulheres e divertir as pessoas de renome. O fenômeno deve saber travestir-se de uma roupagem da qual, todavia, não pode desfazer-se, comportar-se como ator perfeito de um papel que lhe cola à pele. Ele não pode representar o monstro a não ser em sendo-o: está lá o paradoxo invertido do comediante monstruoso. É pouco dizer que lhe era necessário possuir o físico da função. Hugo captou magistralmente sua lógica em sua obra *Homem que ri*.

O registro da castração hilariante, o qual se entende sem dificuldade que ele se tenha ilustrado principalmente através de sujeitos masculinos, não poupou, no entanto, o outro sexo: nos anos de 1770, em Saint-Germain, uma "jovem veneziana", anã e, além disso, desprovida de mãos, cantava pequenas árias italianas e conseguia arranhar o violino[26]. Ela realizava assim as tarefas femininas e domésticas equivalentes às agitações guerreiras de seus coirmãos machos. Mas foi necessário encontrar-lhe uma especialidade que, na imaginação popular, pudesse constituir o pendor feminino do desmembramento fálico dos manetas. Surgiram então sobre os tablados seres tão curiosamente improváveis como homens sem sexo: nas feiras e no teatro de variedades do Templo encontravam-se várias "mulheres sem língua", que não as impediam de manter longas "conversas" com os transeuntes[27].

Estas histórias tinham seu desfecho e estes espetáculos seu ato final: o alemão que se exibia em 1716 na feira de Saint-Germain, "tinha uma mulher muito bonita e um filho: eles estavam à porta"[28]. Pépin e Scaramouche, quanto a eles, teriam tido a honra de apresentar-se diante dos príncipes e de divertir as cortes. Isso encerra a estrutura narrativa de sua apresentação: como no modelo do conto popular, o herói-vítima, após ter sofrido vitoriosamente uma prova que lhe foi imposta, e reencontrado um objeto perdido, encontra-se

---

26. FOURNEL, V. Op. cit., p. 365. Tradição, lá ainda, muito antiga, da qual encontramos múltiplos testemunhos, junto a Paré e tantos outros, como no jornal de Pierre de L'Estoile, que relata suas descobertas de mulheres sem braços (BRUNET (org.). *Mémoires-Journaux*. Vol. XVII. Paris: Lemerre, 1875-1896, p. 206 e 413 [jan./1595-dez./1601]).

27. "Apresentou-se sobre o palco, há dois anos, uma mulher sem língua, que não deixava de manifestar tanta tagarelice quanto as demais pessoas de seu sexo" (*Almanach de 1773*, p. 46-47). "Não nos cansaremos de falar sobre o número de mulheres que falam sem língua; no entanto, é muito mais natural relatarmos que existem no mundo determinadas damas que falam como se tivessem três línguas. Seja como for, observamos pela última vez, que uma filha de Mortague, em Bas Poitou, de 26 anos, apresentava-se na cidade de Laon em 1772, conversava perfeitamente e cantava muito discretamente, embora sem nenhum vestígio de língua" (*Almanach de 1776*, p. 89).

28. HEULARD. Op. cit., p. 132.

então reconhecido, dotado de uma nova aparência, casa-se[29] ou às vezes senta-se no trono.

O monstro das cidades e o monstro das regiões rurais

Os anúncios dos monstros de feiras e de rua na cultura urbana de diversão do século XVIII seguem, pois, passo a passo, as estruturas discursivas do conto popular das regiões rurais de outrora. Nós teríamos reconhecido sem dificuldade no comentário feito mais acima algumas das funções e alguns dos papéis que Vladimir Propp discerne na organização narrativa do conto popular[30]. Existe lá, para além de uma analogia de estrutura, uma relação genealógica: os anúncios e os espetáculos de monstros são um prolongamento, na cultura urbana e moderna da estupefação em formação nas grandes cidades do século XVIII, das narrações maravilhosas, dos contos miraculosos e das narrativas sobrenaturais que disseminavam o horizonte do insólito no imaginário camponês da França tradicional. As estruturas são análogas e os propósitos semelhantes, no plano mais geral: eles formulam a parte da surpresa no cotidiano da inquietante estranheza do corpo. Esta estranheza quase não surpreende: a cidade moderna está em vias de constituir-se pelo desenraizamento e pela expansão contínua das populações rurais que vêm ocupá-la, e para ali transportam com elas os restos ainda vivos de suas culturas de origem.

---

29. Desimpedido para colocar com seus pés a aliança no dedo de sua prometida (Life of John Chambers, Man Born Without Arms. Lancaster: [s.e.], c. 1850. Apud WILSON, D. *Signs and Portents* – Monstrous Births from the Middle Ages to the Enlightenment. Londres/Nova York: Routledge, 1993, p. 118).
30. PROPP, V. *La morphologie du conte*. Paris: Le Seuil, 1970.

Quem efetivamente compõe os públicos prestes a agrupar-se diante dos teatros de feira dos atores ambulantes, dos farsistas e dos monstros de curiosidade, se pergunta assim Mercier? A "populaça parisiense", certamente, mas

> ...as falanges vagabundas das ruas não são propriamente os pequenos burgueses de Paris, mas um composto de pessoas que, chegando das pequenas cidades ou dos burgos dos arredores, e pouco familiarizadas com a situação, param para roubar o tempo que devem aos seus senhores e às suas ocupações. Examinai bem este grupo parado: sobre cem homens, ali haveria uns quarenta domésticos e uns trinta aprendizes. Aqueles que denominamos "mulas de carga" são quase todos estrangeiros. Os saboianos são engraxadores, enceradores e serradores de lenha; os auvernianos quase todos são carregadores de água; os limosinos pedreiros...[31].

Esta observação quase etnológica dos públicos de curiosos prestes a se divertir com os exercícios do Petit Pépin e seus semelhantes é extremamente preciosa aqui. A origem desta plateia, diz-nos Mercier, é inegavelmente popular, embora esse julgamento deva ser fortemente nuançado. E mais especificamente ainda o que a caracteriza: sua ociosidade, que o autor atribui à condição de vida e à credulidade dessa gente, justificada por sua recente inserção ao mundo urbano, e por sua pouca familiaridade com a diversidade de seus espetáculos. A maioria dessa população ainda é estrangeira à cultura visual das ruas parisienses, e ainda não efetivamente moldada aos códigos sociais da cidade. As origens provincianas destes

---

31. MERCIER, L.-S. *Le tableau de Paris*. 2 vols. [s.l.]: Les Belles Lettres, 1994, vol. II, p. 624.

citadinos, desde então ignoradas, passam a ser perfeitamente legíveis. Cada grupo tem suas formas culturais específicas, ofícios, hábitos, vestes, linguagem. Estas aderências originais identificam simultaneamente estes citadinos recentes como "transeuntes honestos" que incomodam pela grosseria e brutalidade de seus modos, e isso implica, sugere-nos Mercier, "urbanizá-los" o mais rápido possível. Mas estas sobrevivências de culturas tradicionais, empacotadas na trouxa do camponês desembarcando em Paris, que fazem da capital um mosaico cultural de suas províncias, teimam em diferenciar uns dos outros. Seja como for, eles trouxeram em suas bagagens uma herança comum. E a memória antiga da terra que conserva o conto popular faz parte disso, suas estruturas lhes são familiares, elas constituem uma linguagem capaz de dar sentido à cultura do insólito que a cidade multiplica.

Este processo não faz então senão seu exórdio: é realmente através da sedimentação urbana destas estruturas narrativas tradicionais que a cultura da curiosidade continuará a se organizar nas festas populares no século seguinte; ou que uma cultura citadina da angústia e do medo diante do "monstro criminal", feito lobo das cidades, encontrará espontaneamente meios de expressar-se na imprensa popular do século XIX. É exatamente uma transposição urbana do folclore que dá uma boa parte de sua inteligibilidade a estes discursos e a estes espetáculos da monstruosidade nas cidades dos séculos XVIII e XIX.

Ao se transpor, no entanto, esta cultura transforma-se, se abranda, se suaviza: nada de lobo na saga das deformidades de feira e de rua. Quase não se encontram, nos discursos que precedem os monstros nas cidades, o medo ou a crueldade que indicavam muitas vezes a presença de corpos monstruosos nos contos de outrora[32]. Os monstros se urbanizam: eles estão lá para surpreender e divertir. O papel que acabamos de ver exercer os homens sem braços pode aqui servir de modelo geral na compreensão de outras exibições teratológicas. Na feira de Saint Clair, em 1770, podia-se ver assim um homem-javali.

> Este indivíduo tinha sobre o corpo cerdas de seis linhas de comprimento, cravadas como aquelas dos porcos-espinhos; elas caíam no outono para em seguida crescer. Ele tinha barba e cabelos pretos, e sua figura era muito bonita. Uma moça apaixonou-se por este monstro e o desposou; os filhos que tiveram, assim como o pai, eram cobertos de cerdas[33].

Na metamorfose do homem-javali podemos ler uma metáfora deste trespasse cultural que desloca o monstro do campo à cidade: ainda submetido ao ciclo natural das estações, o monstro terrícola, uma vez transplantado, acaba se humanizando. Esta versão popular da obra *A bela e a fera* indica, portanto, uma genealogia, mas também uma transfiguração: os seres incompletos compensavam uma perda irreparável por sua habilidade; em virtude de uma lógica similar, o amor salva o homem-javali de sua animalidade. Ao mesmo tempo completo e incompleto, homem e fera, às vezes macho e fêmea, adulto ou criança, o monstro de feira possui realmente, como os heróis do conto ou do mito, esta aptidão de reunir nele as dimensões simbólicas mutuamente exclusivas segundo as quais se estrutura a imagem do corpo. Esta lógica pode aplicar-se ao infinito aos hóspedes das barracas de Saint-Germain ou às curiosidades das ruas.

---

32. Sobre a "pasteurização" dos contos populares, cf. esp. DARNTON, R. "Peasant Tell Tales". *The Great Cat Massacre*. [s.l.]: Vintae Books, 1985, p. 9-72.
33. Almanach Forain, 1775. Apud COMPARDON, E. *Les spectacles de la foire de 1595 à 1791*. 2 vols. Paris: Berger-Levrault, 1877, vol. II, p. 158.

Gigantes reduzidos, anões aumentados

Deste modo a desmesura dos gigantes é reduzida às mais harmoniosas proporções: a "grande gigante argelina" é de "tamanho bem proporcionado"[34], assim como sua coirmã a "gigante" que, em 1776, alegra a feira de Saint-Germain[35]. Seus similares masculinos são semelhantemente humanizados: o gigante Roose, "de bela aparência, em uma palavra, é descrito"[36], por Mathieu Tomick, como uma grandeza prodigiosa, mas "muito bem-feito, excelentemente educado, que fala várias línguas e sai-se primorosamente bem em uma conversação"[37].

Redução e urbanização dos gigantes, aumento e refinamento dos anões: o que distingue o Pequeno Lapão de trinta polegadas de altura, que se apresentava em 1777 na feira de Saint-Germain,

> ...é que ele fala várias línguas, dispara eximiamente armas, dança e canta maravilhosamente [...]. Muitos filhos de família distinta não recebem melhor educação que este pequeno indivíduo, nascido na extremidade Norte da Europa, num país coberto de gelo e neve, e muito mais habitado por ursos que homens[38].

O século XIX vai elevar ao seu auge esta ascensão dos anões de feira na escala da civilização dos costumes: Barnum havia perfeitamente captado esta lógica, pretendendo que quanto menor o ser, mais é possível aumentá-lo.

---

34. *Almanach Forain*, 1777, p. 34.
35. Ibid., 1776, p. 74.
36. Ibid., 1778, p. 28.
37. Ibid., 1776, p. 124-125.
38. *Journal de Paris*, 23, fev./1979. Cf. tb. *Almanach Forain*, 1776, p. 122-123.

Os empreendedores dos espetáculos monstruosos dos anos de 1850 saberão explorar esta veia antiga, que vemos surgir aqui dos sedimentos folclóricos depositados na cultura urbana do insólito no século XVIII. Eles inventarão pouco, contentando-se em dar ao fenômeno uma amplitude que permitia o desenvolvimento da publicidade de massa, da imprensa popular, e a industrialização progressiva da esfera da diversão. Multiplicar-se-ão deste modo os "reinos de Lilliput", as dinastias, as alianças, as cortes miniaturadas, toda uma teatralidade de opereta cujo objetivo é evidente, desde o século precedente: distrair, obviamente, mas afastando a inquietação, a impotência, a fraqueza, a diminuição de si, que trazem nelas as percepções do nanismo. Este rechaço, no coração do dispositivo que coloca em cena os anões de feira, é visível desde o século XVIII. Assim, previne o Almanaque popular de 1777, convém não confundir os anões da Lombardia, "de figura tão grotesca quanto bizarra", com os outros.

> Não devemos enfileirá-los na classe dos verdadeiros anões, que não são imitados: aqueles da Lombardia são uma degradação monstruosa da espécie humana[39].

Eis, portanto, o que exigiam os públicos ávidos de curiosidade. Surpreendei-nos: mostrai-nos os prodígios, as maravilhas, os erros e as transgressões das leis da natureza. Mas assegurai-nos: mostrai-nos gnomos que sejam dóceis pequenos homens, grotescas harmoniosas, doces e inofensivas, seres mutilados que recuperam o seu poder perdido; fazei-nos adivinhar os restos de humanidade perdidos sob o pelo da fera. E alegrai-nos: que o anão supere o anão, que o gigante dê uma

---

39. Ibid., p. 36-37.

pausa ao gigantismo, que cantem as mulheres sem línguas, e que os manetas as acompanhem ao violino.

E eis, portanto, o que expunham os apresentadores de curiosidades, eis o que deixou de existir desde o desaparecimento do teatro de ruas. Percebe-se aqui a natureza das questões que subentende uma história das exibições teratológicas na cultura popular da Europa moderna: como poder divertir-se com uma angústia, rir de um pavor, alegrar-se com uma repugnância? Adivinha-se igualmente o sentido paradoxal do processo que leva a multiplicação do espetáculo monstruoso ao seu declínio, depois ao seu desaparecimento: quanto mais o monstro se desvincula do universo dos prodígios e das feras tanto mais ressente-se sua proximidade; quanto mais se percebe o caráter humano tanto mais faz-se necessário distanciar-se dele, imaginar ficções, fabricar signos, construir cenas, semear aparências, inventar ilusões óticas, que ao mesmo tempo possam representá-lo e colocá-lo à distância. Mas esta é uma outra história.

Já que a representação que ridiculariza o Petit Pépin, vestido à turca e rodopiando, baioneta à mão, fere de uma lesão íntima o prazer das multidões, hoje é percebida com suficiente clareza: se este tipo de espetáculo tornou-se impossível, se a fascinação hilariante que reunia os transeuntes ao redor dos teatros de feira não ocorre mais atualmente, se não existem mais deformidades humanas nas feiras, é porque no Petit Pépin acabou sendo reconhecido como um semelhante, e, sob a monstruosidade, descobriu-se o *handicap*, e seus sofrimentos.

Quais conclusões tirar desta exploração das feiras parisienses do século XVIII quanto ao projeto foucaultiano de uma "arqueologia da anomalia"? Entrevemos nisso, parece-me, a possibilidade de outra história dos anormais: ela não revoga as grandes linhas daquela que esboça Foucault, mas sugere uma outra genealogia dos olhares que foram pousados sobre as monstruosidades humanas. A perspectiva foucaultiana se organiza efetivamente ao redor de um forte tropismo ao mesmo tempo biológico-medicinal e jurídico: o que define o monstro é, antes de tudo, ele ser "contranatural" e "fora da lei"[40]. Disso resulta uma história particular do olhar que foi pousado sobre a deformidade, feita inteiramente de exames minuciosos, de observação densa, de discernimento metódico no espaço da ciência; mas também de categorizações, de vigilância e de controle da lei e dos dispositivos que a materializam: a história de um olhar fixo, denso de seriedade, destinado à utilidade, preocupado em restabelecer a ordem na grande desordem da natureza e do direito encarnado pelo monstro.

Existe, no entanto, uma outra história dos anormais, e uma outra genealogia dos olhares pousados sobre eles. Uma história que não faça calar a estupefação que produz a aparição monstruosa, que não interrompa a hesitação do olhar que ela provoca; história de um olhar móvel e nômade, sensível às atrações, que se deixa distrair e vagabundeia no espaço da diversão, exatamente lá onde, etimologicamente, a atenção desviada e as pulsões curiosas ditam aos transeuntes sua cadência e seu rumo. Aquela história do olhar lá se inscrevia em lugares abertos antes que em universos fechados, ela seguia divagações antes que obedecer a quadriculados, ela ocupava o tempo roubado ou suspenso da ociosidade ou dos lazeres

---

40. Cf. a discussão deste ponto no capítulo seguinte, infra, p. 132.

antes que o tempo ditado pelo trabalho. Uma história dos prazeres experimentados no espetáculo do insólito, e dos folguedos, que nos parecem hoje cruéis, que as encenações do anormal propiciavam.

Havia assim em Paris, nos anos de 1770, um "Café dos cegos", Praça Louis XV, onde, lembra Victor Fournel, num ar de compaixão próprio ao século seguinte, "dez pobres cegos, vestidos ridiculamente, tendo bonés de papel na cabeça, óculos de papelão sem lentes sobre o nariz, pedaços de música eruditos diante deles, cantando pessimamente a mesma ária em uníssono..."[41] "Não fazemos ideia do sucesso obtido por esta pilhéria. Em um curto espaço de tempo a afluência foi tão grande que foi necessário colocar sentinelas à entrada deste café", acrescenta o *Almanach Forain* de 1773[42]. O século XVIII, no entanto, foi o momento em que se desenvolveram a atenção científica e a preocupação moral com as enfermidades; o momento em que nasceram os primeiros projetos de reeducação dos surdos, dos mudos, dos cegos. Mas buscou-se em vão, nas crônicas da feira e dos teatros parisienses, ao longo de todo o século XVIII, o esboço de uma percepção de crueldade infligida, ou uma suspeita de compaixão ressentida diante do espetáculo das deformidades e das enfermidades. Foi Hugo que percebeu com justeza, ao lembrar, narrando o infortúnio de Gwynplaine, o seguinte elemento central, hoje largamente rechaçado, da história da anomalia: naquele tempo, os anormais faziam rir.

---

41. FOURNEL, V. *Le vieux Paris*. Op. cit., p. 366-367.
42. COMPARDON, E. Op. cit. Vol. I, p. 188.

IV
A NORMALIZAÇÃO DOS ANORMAIS
Um dispositivo e suas transformações, 1840-1940

> *Creio ser possível dizer, para situar esta espécie de arqueologia da anomalia, que o anormal do século XIX é o descendente de três indivíduos, que são o monstro, o incorrigível e o masturbador. O indivíduo anormal do século XIX vai ficar marcado – e muito tardiamente na prática medicinal, na prática judiciária, no saber como nas instituições que vão circundá-lo – por esta espécie de monstruosidade tornada cada vez mais apagada e diáfana, por esta incorrigibilidade retificável e cada vez melhor cercada por aparelhos de retificação*[1].

Uma arqueologia da anomalia

Não estou seguro do fundamento deste julgamento de Michel Foucault, tampouco convicto que "o anormal do século XIX" tenha uma hereditariedade tão marcante, nem tão redundante, visto que a característica do masturbador é precisamente seu incorrigível pendor à reincidência. O que Foucault parece conhecer melhor, em contrapartida, é que o monstro, se o precede, coexiste por longo tempo com o

---

1. FOUCAULT, M. *Les anormaux* – Cours au Collège de France, 1974-1975. Paris: Gallimard/Le Seuil, 1999, p. 55 ["Hautes Études"].

anormal do século XIX, chegando inclusive, às vezes, a confundir-se com ele; e que o acompanha tão fielmente como a própria sombra, e que ele persiste a oferecer à infração das normas naturais e jurídicas, ao longo de todo o século, a referência maior em relação àquilo com o qual os desvios e os distanciamentos menores deverão ser medidos. Mais ainda: parece-me que o monstro vai exercer esta função por mais tempo que o sugerido por Foucault, quando ele vê "a velha categoria" do monstro natural ceder espaço, na virada do século XIX e nas primeiras décadas do século XX, à monstruosidade "moral" das condutas criminais. E é provavelmente sobre este ponto que a generalidade do processo que conduz do monstro ao anormal, central na compreensão foucaultiana da história dos anormais, deve por sua vez ser corrigida. Não que esta generalidade seja, em seu princípio, inexata; mas porque ela tende a se limitar, lá ainda, ao campo da medicina e do direito, e que o monstro tem realmente outros modos de existência que estes na sociedade ao longo do século XIX. Foucault praticamente só se preocupa, com efeito, com a transposição da transgressão monstruosa do domínio do vivente ao da lei, com a mutação da deformidade anatômica em monstruosidade criminal. E é assim que ele vê surgir "o tema de uma natureza monstruosa da criminalidade, de uma monstruosidade que assume seus efeitos no campo da conduta [...] e não no campo da natureza ela mesma [...]. A figura do criminoso monstruoso, a figura do monstro moral bruscamente vai aparecer, com uma exuberância muito viva, no final do século XVIII e no início do século XIX"[2].

---

2. FOUCAULT, M. *Les anormaux*. Op. cit., p. 69.

Temo que esta "arqueologia da anomalia" tenha sofrido da pressa de passar do monstro físico ao monstro moral que continua sendo, com a contestação da perícia médico-legal, a visão essencial do curso dos anos 1974-1975. Mas é uma outra perspectiva sobre a história dos anormais que aparece se, resistindo a esta pressa, permanecermos um pouco mais longamente em companhia do monstro físico ao longo de todo o século. E é um outro dispositivo – mais geral daquele onde somente se entrecruzam a Medicina e o Direito – que se desenha então, um dispositivo com ramificações numerosas e profundas na sociedade do século XIX, e singularmente em sua cultura visual, que a presença do monstro vai assombrar longamente ainda. É, portanto, em primeiro lugar à identificação deste dispositivo, que atravessa e religa as manifestações do anormal entre si, que estas páginas vão ser consagradas. Para em seguida buscar mostrar as transformações históricas daquilo que se poderia denominar "normalização dos anormais", ou quanto menos a tentativa paradoxal que novamente insiste em querer tratar, nas sociedades democráticas contemporâneas, os corpos ontem ainda percebidos como monstruosos à maneira de anatomias ordinárias.

Isso nos levará a esboçar, pois, dos meados do século XIX aos anos de 1940, uma história da transformação das percepções da deformidade humana, das sensibilidades ao espetáculo desta última, do tratamento dos indivíduos que por ela são afligidos. O que significa recolocar questões relativamente simples, mas cuja resposta é historicamente complexa, e que começamos a abordá-las no capítulo precedente: por qual transformação dos olhares sobre o corpo outrora via-se somente monstruosidade lá onde um belo dia começou-se a perceber uma enfermidade? Por qual mudança de perspectiva aprendeu-se em seguida a discernir ali um *handicap*? Ao termo de qual evolução das sensibilidades, nós hoje, parecemos determinados a somente distinguir a disseminação infinita das diferenças no espetáculo das pequenas e das grandes anomalias do corpo humano?

A formulação mesma destas interrogações o indica: trata-se aqui tanto de uma história do olhar quanto de uma história do corpo, e, mais precisamente ainda, de uma história das mutações das sensibilidades no campo do olhar pousado sobre o corpo. E é lá que tais questões atravessam os objetos que reúnem a presente obra, corpo, olhar, discurso, imagens: o processo que vamos observar aqui muitas vezes foi descrito, um pouco demasiadamente rápido, como o de uma "medicalização" dos olhares e dos discursos sobre o corpo. O que recobriria exatamente este termo na redefinição da divisão entre corpo normal e anormal desde 1840 até aproximadamente 1940, período histórico no qual se produz esta mutação do olhar?

Exibir o anormal

Para iniciar a resposta, transportemo-nos para a Paris do final do século XIX. No dia 7 de abril de 1883 chega ao chefe do poder executivo da capital a seguinte petição: "Venho solicitar de vossa generosidade realmente conhecida a autorização para exibir, em uma das praças de vossa cidade e (ou) em uma barraca ou (em um) salão, um fenômeno dos mais extraordinários. São dois meninos unidos pelo mesmo tronco. Eles têm cinco anos de idade e são vigorosos, possuem duas cabeças, quatro braços, e um único tronco, e duas pernas. Eles nunca foram exibidos em Paris, mas já visitaram as maiores cidades da Itália, da Áustria, da Suíça e várias cidades da França"[3]. A petição é assinada por Battista Tocci, que se apresenta como o pai destes dois "meninos-fenômenos". Tocci pai e sua monstruosa progenitura aguardam um veredicto do poder executivo, de preferência "rápido e favorável".

Uma pequena empresa familiar levava assim pela Europa o corpo monstruoso de um dos seus, e lucrava com sua exibição. Destinada a uma existência nômade, ela se deslocava ao sabor da curiosidade pública por deformidades corporais. Ela efetivamente tinha seus locais: barracas ou carroças ambulantes de feira o mais frequentemente, fundos de salas de cafés ou palcos teatrais às vezes, salões particulares para representações privadas mais excepcionalmente. Ocorria-lhe às vezes de encontrar, à época, refúgios suspeitos, ou mais inóspitos: em 1878, um denominado Alfred Claessen, empresário de monstros de além-Atlântico, quis, à sua chegada a Paris, exibir uma "menina-macaca da Albânia" junto aos animais do domador Bidel, em meio ao seu mangueirão do Boulevard de Clichy[4]. É em uma mercearia desativada de Mile End Road, empoeirada e sombria, que Sir Frederick Treves, cirurgião do

---
3. Archives de la Préfecture de Police de Paris [APP]. Côte DA/127. Dossier Tocci. Pièce I.
4. APP. DA 127. Dossier "Femme-singe".

hospital de Londres, por primeiro identificou, sob escombros e detritos, John Merrick, "o homem-elefante"[5].

Aproximadamente um século nos separa da chegada a Paris de Giovanni e Giacomo Tocci, que a natureza os havia tornado inseparáveis. A simples evocação do espetáculo do qual eles eram então os atores involuntários, parece-nos, não obstante tudo, evocar um passado mais antigo, de uma outra cultura popular, de um tempo arcaico e cruel do exercício do olhar curioso. Já faz realmente muito tempo que o carrinho de saltimbanco da mulher barbada está vazio na Feira do Trono, e que os espectadores desertaram as atrações onde ontem se apinhavam as multidões, nos "entra e sai" do passeio público de Vincennes. "Entra e sai", diz-nos Jules Vallès, que fez-se etnógrafo dos feirantes e de suas curiosidades humanas: "Denominamos assim de teatros, em cortina ou em tablado, viatura ou barraca, os locais em que se apresentam os monstros, bezerros ou homens, ovelhas ou mulheres. A palavra é característica. O público sobe, o fenômeno se apresenta, emite um balido ou fala, muge ou estertora. Entra-se e sai-se, é isso"[6]. Eis o melhor exemplo da banalidade rotineira dos divertimentos mais familiares. A curiosidade não tinha freios nos entra e sai da Feira do Trono, ou nas ruas da capital, e o olhar percorria sem constrangimento o grande desempacotamento das estranhezas humanas: "fenômenos vivos" em seus teatros de feira, morfologias selvagens atrás de suas grades,

---

5. TREVES, F. *The Elephant Man and Other Reminiscences*. Londres: Cassel, 1923. Cf. tb. MONTAGU, A. *The Elephant Man*: A Study in Human Dignitiy. Nova York: Ballantine Books, 1971, p. 13-38.
6. VALLÈS, J. *La rue* – Oeuvres complètes. Paris: Livre Club Diderot, 1969, tomo I, p. 459 [1966].

espécimes teratológicos em frascos de vidro, patologias sexuais nos museus de cera forneciam suas peças a um vasto museu popular de estranhezas e horrores anatômicos.

Ensinar a norma

É no limiar dos anos de 1880 que alcança seu apogeu esta *exibição do anormal*, elemento central de um conjunto de dispositivos que fazem da exposição das diferenças, estranhezas, deformidades, enfermidades, mutilações, monstruosidades do corpo humano o suporte essencial de espetáculos onde se experimentam as primeiras formas da indústria moderna da diversão de massa. Já que é realmente de "dispositivo", no sentido foucaultiano do termo, que estamos falando, ou seja, de um "conjunto deliberadamente heterogêneo, comportando discursos, instituições, arranjos arquiteturais, decisões regulamentares, leis, decisões administrativas, enunciados científicos, proposições filosóficas, morais, filantrópicas, breve: dito e não dito, eis os elementos do dispositivo. E o dispositivo, ele mesmo, constitui-se na rede que podemos estabelecer entre estes elementos"[7]. Hoje não fazemos ideia, tamanha a mutação de nosso olhar, daquilo que puderam significar, de um lado a centralidade, de outro a difusão, deste dispositivo na cultura visual do espaço urbano europeu e norte-americano.

A centralidade primeiramente: como compreender que a figura do monstro tenha podido situar-se no coração desta teatralização do anormal, que ela lhe tenha fornecido seu

---

7. FOUCAULT, M. "Le jeu de Michel Foucault" [entrevista]. Ornicar?, n. 10, jul./1977, p. 62-92. In: *Dits et écrits*. Op. cit., vol. II, p. 207.

princípio de inteligibilidade? O lugar singular que o monstro ocupava entre os "anormais", como vimos, não passou despercebido a Michel Foucault, sobretudo quando ele convidava a reencontrar "o fundo de monstruosidade" em obra por detrás da percepção das anomalias do corpo humano[8]. O que levou Foucault a empenhar-se – "até o final do século XIX, e talvez adentrando o século XX"[9] – na caracterização da sombra do monstro por detrás das figuras múltiplas e cambiantes do anormal, foi a extensão à inteira sociedade daquilo que ele denominou "poder de normalização"[10]. Uma formulação límpida de Georges Canguilhem elucida este vínculo entre o monstro e a norma: "No século XIX, o louco está no hospício para instruir a razão, e o monstro na pipeta do embriólogo *para ensinar a norma*"[11].

Na pipeta do embriólogo, mas ainda, e talvez, sobretudo, na cena do entra e sai. Pois, caso aceitemos afastar-nos por um instante do recinto fechado da ciência para aventurarmo-nos nos lugares de espetáculo popular – lá aonde, como o vimos, Foucault quase não se arrisca –, logo perceberemos o poder interpretativo da fórmula: por trás das grades do zoológico humano, o selvagem se presta a ensinar a civilização; por trás das vitrinas do necrotério, o cadáver reforça o medo do crime; na penumbra dos museus anatômicos de cera, as moldagens de carnes devastadas pela sífilis hereditária inculcam o perigo

---

8. FOUCAULT, M. *Les anormaux*. Op. cit., p. 52.
9. Ibid., p. 53.
10. Ibid., p. 24.
11. CANGUILHEM, G. *La connaisance de la vie* (1952). Paris: Vrin, 1965, p. 228 [Grifo do autor].

das promiscuidades sexuais. Esta foi, portanto, uma das formas essenciais da formação do "poder de normalização" na virada do século, esta "função estratégica dominante"[12] que Foucault reconhece aos dispositivos: a extensão do domínio da norma fez-se através de um conjunto de dispositivos *de exibição do seu contrário*, de apresentação da sua imagem invertida. Sem necessidade alguma de meios coercitivos, no entanto, para essa pedagogia de massa, bem o contrário de um espaço panóptico e de uma vigilância do Estado: uma rede frouxa e disseminada de estabelecimentos de espetáculo, privados ou públicos, permanentes ou efêmeros, sedentários ou nômades, primícias e, depois, o desenvolvimento de uma indústria da diversão de massa que distrai e fascina. Ela inventa dispositivos que atuam sobre o olhar, fabrica um estímulo a ver, tendo nas espécies anormais do corpo humano – ou das ficções, dos substitutos realistas deste último – a sua matéria-prima[13].

Voyeurismos

A questão que se coloca, em segundo lugar, é aquela da extensão destes dispositivos. Ela é considerável. O exemplo americano é aqui particularmente espetacular. Phineas Taylor Barnum inaugura em 1841 seu *American Museum*, em pleno coração de Manhattan, e faz dele a atração mais frequentada

---

12. FOUCAULT, M. "Le jeu de..." Op. cit., p. 207.
13. Cf. BENNETT, T. "The exhibitionary Complex". In: DIRKS, N.B. et al. (orgs.). *Culture/Power/History*. [s.l.]: Princeton University Press, 1994, p. 123-154. • SCHWARTZ, V.R. *Spectacular Realities* – Early Mass Culture in Fin-de-siècle Paris. Berkeley/Los Angeles/Londres: University of California Press, 1998.

da cidade, e de todo o país: de 1841 até 1868, data em que o museu foi destruído por um incêndio, estima-se em 41 milhões o número de seus visitantes[14], já que nas cenas e nas galerias do *American Museum* são precisamente os monstros que constituem a atração maior do espetáculo. Aquilo que Barnum havia inventado não era senão o deslanchar de uma nova época na história dos espetáculos, a entrada no período industrial da diversão, a inauguração do primeiro escritório de curiosidades da era das massas. Já que Barnum é um empreendedor capitalista moderno, o pioneiro de uma longa linhagem de industriais do espetáculo, um dos precursores da Disney; e o *freak show* gigante do *American Museum* era realmente uma espécie de *Disneyland* de época da teratologia. Faz-se necessário insistir neste ponto uma última vez: o espetáculo e o comércio dos monstros, longe de serem atividades ambíguas ou marginais, serviram de campo de experimentação da indústria do entretenimento de massa na América do Norte, e em proporção menor na Europa do final do século XIX. A exibição do anormal conheceu assim uma extensão considerável na segunda metade do século XIX, e nos primeiros decênios do seguinte: aquela de um dispositivo de massa.

Aliás, basta retornar à Europa, e mais particularmente à França, para nos convencermos disso, em examinando outro aspecto desta cultura visual da deformidade. Já que os espectadores do entra e sai raramente saíam deles de mãos vazias.

---

14. Sobre o próprio Barnum e a bibliografia abundante sobre o tema, cf. COURTINE, J.-J. "Le corps anormal – Histoire et anthropologie culturelles de la difformité". In: CORBIN, A.; COURTINE, J.-J. & VIGARELLO, G. (dir.). *Histoire du corps* – Vol. III: XVI-XXe siècle. Paris: Le Seuil, 2006 [*História do corpo*. Petrópolis: Vozes, 2008].

Eles conservavam em forma de cartões postais a lembrança de seu breve encontro com os fenômenos de feira. Mesmo porque, à época, tais recordações nada representavam da raridade do colecionador de hoje. Todas as barracas da Feira do Trono bem como os *freak shows* americanos forneciam estas lembranças aos seus clientes. Elas possuíam um valor comercial que confirma que a curiosidade pelas bizarrices do corpo humano não se satisfazia unicamente com a frequentação esporádica das feiras, e com a contemplação furtiva dos hóspedes do entra e sai. Mais frequentemente adquiridos por ocasião da visita, os retratos de monstros assumiam seu lugar nos álbuns de fotos da virada do século, entre as lembranças de excursão: atrás do álbum, sucedendo ininterruptamente as gerações, modestos campanários das igrejas do interior e maravilhas dos monumentos da capital vizinhavam assim com os "erros da natureza". Ao ponto que as localidades que nada as distinguiam às vezes chegavam a orgulhar-se de possuir, à exceção da Igreja romana, uma curiosidade humana: ainda hoje se encontra em grande número nas lojas de antiguidades da França e de Navarra a série largamente difundida de cartões postais que exibia em seu salão, em sua caleche ou trepada em uma bicicleta, Madame Delait, a mulher barbada, incontornável monumento da modesta comuna de Thaon-les-Vosges na virada do século.

A questão colocada aqui é a da diversidade das formas materiais dos dispositivos de uma cultura visual de massa. Os modos de difusão destes singulares cartões postais demonstram novamente que a exibição do anormal tinha realmente por objeto a propagação de uma norma corporal. O monstro continua uma exceção que confirma uma regra: é a normalidade do corpo urbanizado do citadino que o círculo dos estigmatizados desfilando diante do objetivo convida a reconhecer no espelho deformante do anormal. O exemplo francês, aqui, é particularmente esclarecedor. A percepção das excentricidades do corpo que os cartões postais ilustram assemelhava-se ao despovoamento da viagem, a uma exploração da periferia do território nacional, ao mergulho nas profundezas das regiões afastadas, à constatação de uma parada ou de uma morosidade do tempo biológico e social que ali reinava: a iconografia fotográfica da deformidade corporal é estreitamente vinculada, da segunda metade do século XIX até os anos de 1940, aos deslocamentos do turismo interiorano. Se alguém se deslocasse para os Hautes-Alpes, ali ele podia comprar a imagem de um imbecil do Pelvoux; ao deslocar-se para a região de Dombes, podia comprar o retrato de um eremita peludo; e, um pouco em toda parte, podia-se adquirir um cartão postal de um retardado local. A estranheza anatômica, o retardo mental, a aparência grotesca são elementos esperados do pitoresco rural, ao qual eles aportam sua marca indispensável de autenticidade humana. A curiosidade por estas representações fotográficas de enfermidades, de patologias, ou simplesmente de compleição física do camponês "teratologizado", era legítima, ordinária, largamente aceita, bem como o gesto banal que consistia em mostrar estas representações aos amigos ou destiná-las aos parentes. Os amantes de cartões postais assumiam assim diante de seus próximos uma posição no fim das contas bastante semelhante àquela do apresentador de curiosidades em relação aos seus clientes: significa dizer que, discreta, mas poderosamente revezada pela infinita disseminação dos dispositivos os mais ordinários, a curiosidade pelo espetáculo das deformidades ultrapassava largamente o recinto das feiras e dos museus para funcionar em cadeia, difundir-se em rede, e adquirir assim uma vida "líquida". O século XIX havia inventado, inocentemente, *o voyeurismo de massa*. Um pouco em toda parte circulavam, para falar como Foucault, os monstros "pálidos" da anomalia. "Como, pois, esta monstruosidade excepcional pôde finalmente propagar-se, dividir-se em uma nuvem de pequenas anomalias, de personagens que são ao mesmo tempo anormais e familiares?"[15] De passagem nos Hautes-Alpes, podia-se expedir à terra natal, em cartão postal, o clichê de um "imbecil dos Alpes", e com um único comentário: "Muitos abraços de Briançon..." Eis sem sombra de dúvida um elemento de resposta à questão que coloca Foucault, mas percebe-se que ela é conduzida a um campo que não se vincula nem ao direito nem à ciência. Os dispositivos devem ser pensados em toda a extensão de sua dispersão, em toda a diversidade de suas ramificações, em toda profundidade de sua sedimentação.

Uma palavra ainda, a esta altura do estudo, e para concluir estas primeiras observações, sobre o destino deste vasto dispositivo de exibição do anormal: ele vai conhecer algumas interdições esporádicas na Europa a partir dos anos de 1880; no entanto ele prospera até a Grande Guerra, dá sinais de sufocação após esta última, para nos anos de 1930 entrar em um esgotamento progressivo que o levará ao desaparecimento a partir dos anos de 1940. É a crônica deste declínio

---

15. FOUCAULT, M. *Les anormaux*. Op. cit., p. 102.

que irei esboçar aqui, tendo por pano de fundo uma mutação fundamental dos olhares sobre o corpo, mutação da qual o século XX foi seu ambíguo e complexo cenário: aquele da difícil extração do corpo anormal da exceção monstruosa e de sua lenta e paradoxal inclusão na comunidade dos corpos.

A teratologia e o enquadramento da curiosidade

As causas do refluxo da exibição do anormal são múltiplas e complexas, à imagem dos dispositivos eles mesmos, estas formas materiais do "poder de normalização" que constituem o objeto da arqueologia foucaultiana da anomalia.

> Esta emergência do poder de normalização, a maneira com a qual ele se formou, a forma como ele se instalou, sem jamais apoiar-se em uma única instituição, mas através do jogo que estabeleceu entre instituições diferentes, alargou sua soberania em nossa sociedade – é isso que eu gostaria de estudar[16].

Estudar um dispositivo: vimos a exibição do anormal "estender sua soberania" na cultura visual a partir da segunda metade do século XIX, e este poder de normalização desdobrar-se no campo do olhar invadindo a esfera do espetáculo, disseminar-se nos entra e sai dos museus de anatomia, ocupar o precário cenário das ruas, experimentar sua fugaz notoriedade nos folguedos de feira, passar de mão em mão a "mísera esmola"[17] doada à anomalia, enfim, estas imagens

---

16. Ibid., p. 24. O manuscrito diz nesse lugar: "Fazer daquilo a arqueologia".
17. Ibid., p. 52. O monstro é "o príncipe de inteligibilidade de todas as formas – circulando sob forma de mísera esmola – da anomalia".

todas da deformidade que constituem a memória estranha e familiar dos anormais. Embora tudo isso possa parecer suficientemente convincente, objetivamente falando não o é, se abordarmos o dispositivo em sua dispersão sincrônica e em sua densidade histórica. E isso porque o dispositivo não procede de uma instituição única, ou de uma de suas ramificações, mas "do jogo que ele estabeleceu" entre várias delas, segundo Foucault. E dentre elas, a ciência ela mesma.

Então é preciso nos voltarmos para as ciências da vida e ali sublinhar a importância de um acontecimento científico: a invenção da teratologia por Geoffroy Saint Hilaire, pai e filho, ao longo da primeira metade do século XIX, cujas consequências vão ser consideráveis. É efetivamente uma ruptura decisiva na história do olhar pousado sobre o desenvolvimento de uma teratologia científica: o monstro obedece à lei comum que rege a ordem do vivente. Trata-se doravante de um homem, mesmo que de um homem "inacabado", um "embrião permanente", "a natureza interrompida no caminho", segundo as formulações de Isidore Geoffroy Saint Hilaire[18]. Esta descoberta só foi possível no final de uma canalização racional do olhar curioso pousado sobre a monstruosidade humana. Deste fato, a segunda metade do século XIX vai pouco a pouco transformar-se o teatro de um conflito entre uma cultura do voyeurismo de feira e uma cultura de observação médica. A racionalização dos olhares sobre o corpo monstruoso vai privar a exibição do anormal da legitimidade científica à qual ela às vezes aspirava ainda. É desta forma que o pedi-

---

18. GEOFFROY SAINT HILAIRE, I. *Histoire général et particulière des anomalies de l'organisation...* Paris: Baillère, 1832-1836, p. 18.

do de permissão para exibir os irmãos Tocci endereçado ao chefe do poder executivo de Paris no dia 7 de abril de 1883 esbarra em uma recusa motivada segundo os termos seguintes: "Não sou do parecer que semelhantes monstruosidades sejam exibidas em público. Elas dizem respeito unicamente à faculdade de Medicina"[19]. Unicamente ao olhar médico cabe a exclusividade do exame do corpo monstruoso: sua exibição cessa progressivamente de ser banal para tornar-se chocante, e logo em seguida nociva.

Ali está, portanto, um dos elementos que recobre a expressão "medicalização" do campo do olhar: a constituição na cultura visual de massa, a da diversão popular, de uma espécie de polícia do olhar nas mãos dos médicos. Bem o testemunha este extrato de um decreto emitido pelo prefeito de Lyon em abril de 1920, concernindo à polícia dos espetáculos, e mais particularmente àquela dos museus de anatomia:

> Estes museus, antes de sua abertura, serão visitados por médicos delegados pela administração municipal, que poderão, segundo a natureza das peças mostradas ao público, fazer retirar aquelas que não teriam um caráter científico, ou expô-las em um lugar reservado para serem mostradas somente aos adultos, cujas idades determinarão aquelas que não poderiam sem inconveniente ser deixadas à vista de determinadas categorias do público[20].

O olhar médico doravante reina sozinho sobre a exibição do corpo anormal. Ele decide sobre o que pode ou não pode

---

19. APP, DA, 127, dossier "Tocci", pièce 5.
20. Archives Municipales de Lyon [AML], 1273 WP 027. Surveillance des fêtes foraines. Arrêté du Maire de Lyon du 19 avril 1920 sur les spectacles forains.

ser visto nesta matéria. Ele enquadra a população dos parques de diversão, determinando, por idade e por sexo, os riscos ligados à frequentação dos entra e sai. Seu poder não cessa de estender-se. Pois o momento em que se ouve em alta voz as primeiras condenações do espetáculo dos monstros humanos é exatamente aquele em que se inventam formas inéditas de classificação psiquiátrica que se dão precisamente o olhar por objeto: os anos de 1880 são aqueles nos quais se nomeia e se descreve as perversões, e, dentre estas, as "pulsões parciais" que se constituem sobre uma "erotização do olhar", voyeurismo e exibicionismo. O recurso à intervenção médica nos dispositivos jurídicos e administrativos de controle da cultura visual vai desde então estender o campo das anomalias *dos objetos aos sujeitos*, das deformidades expostas aos olhares que ali se pousam, da pulsão curiosa à classificação psicológica de quem ali se abandona. A curiosidade pelos monstros humanos, quando ela se exerce fora da esfera médica, será viciosa, insana, perversa: uma infração repreensível em relação à lei e simultaneamente uma tara psicológica em relação à norma. Porque os dispositivos não são simplesmente modos de classificação dos objetos do saber ou aparatos do exercício de um poder, mas eles são, além disso, instrumentos de produção do sujeito: é no termo deste processo de subjetivação que a monstruosidade poderá tornar-se moral, e que a anomalia acabará fazendo parte do catálogo das perversões.

Ficções e compaixão

No conjunto heterogêneo do dispositivo, continua Foucault, além "das instituições, dos arranjos arquiteturais", "das decisões regulamentares" e das "medidas administrativas" que ali encontramos, existem também "os enunciados científicos" que acabam de ser evocados, mas, mais do que isso: "as proposições filosóficas, morais, filantrópicas"[21]. E a invenção da teratologia teve todo um conjunto de consequências legais e morais que mais claramente vão fazer-se sentir na segunda metade do século XIX.

Um sentimento novo de compaixão aparece progressivamente ao longo do século XIX: o destino do olhar contemporâneo sobre as deformidades do corpo vai decidir-se ali. O reconhecimento, pela teratologia dos Geoffroy Saint Hilaire, do caráter indubitavelmente humano das monstruosidades, sem sombra de dúvidas constituiu um fator importante desta mutação das sensibilidades. É neste ponto que se torna difícil de seguir inteiramente Michel Foucault em sua análise do caráter de exceção irredutível do monstro humano.

Foucault, com razão, vê emergir a questão do monstro num domínio por ele denominado "jurídico-biológico":

> Não existe monstruosidade senão lá aonde a desordem da lei natural vem tocar, balançar, inquietar o direito [...]. A desordem da lei natural desarruma a ordem jurídica, e lá surge o monstro[22].

Sobre este duplo registro, o monstro constituiria uma infração às leis, transgredindo ao mesmo tempo as regras da sociedade e a ordem da natureza. O monstro é "contranatural"

---

21. FOUCAULT, M. "Le jeu de...". Op. cit., p. 207.
22. FOUCAULT, M. *Les anormaux*. Op. cit., p. 59 e 60.

e "fora da lei"[23]. Não poderíamos afirmar, no entanto, como acabamos de vê-lo, que o desenvolvimento de uma teratologia científica tenha surgido para confirmar a parte "biológica" da interpretação: os princípios sobre os quais ela se funda estabelecem que o monstro, longe de ser "contranatural", obedece inteiramente às leis da natureza. A teratologia constitui-se em um avanço crucial no conhecimento do vivente ao mostrar a pertença à espécie humana das formas de vida que pareciam manifestar sua irredutível alteridade. Sua lição é clara e simples: o corpo monstruoso é um corpo humano. As consequências desta descoberta são essenciais.

De um lado, os tratados de Direito Civil reconhecem ao monstro humano a personalidade jurídica da qual longamente ele tinha sido privado ("Ele não pode ser acusado de homicídio nem sobre um monstro, nem sobre um defunto", afirmava ainda o *Tratado de direito criminal Francês* de Router, em 1836): o monstro cessa de ser, para retomar a expressão de Foucault, um "fora da lei". Isso pouco traquiliza, de novo, a outra parte, desta vez jurídica, de sua interpretação: esta aparentemente se adequaria melhor ao período histórico que precedeu os anos de 1840, e não aos anos posteriores. Por outro lado, uma preocupação moral inédita e um sentimento novo de compaixão se manifestam sempre mais nitidamente em favor das bizarrices anatômicas que desde há tempos longínquos atrelam sua existência precária aos teatros de feiras: é somente então que vai se reconhecer sua humanidade, e experimentar seu sofrimento.

---

23. Ibid., p. 51 e 52.

Formas de interesse inéditas aparecem então. Imaginemos a Inglaterra vitoriana: as encenações romanescas da monstruosidade ali proliferavam, renovadas por um poderoso e ambíguo compromisso antigo entre voyeurismo e compaixão. Vê-se ali a Rainha Vitória ela mesma, não obstante julgada tão recatada, obstinar-se pelo "General" Tom Pouce, fabricado por Barnum, recebido por ela na corte. Alexandra, princesa de Galles, vai tomar chá com John Merrick, Homem-Elefante, no hospital de Londres, onde fora recolhido. Ela lhe enviou uma foto com dedicatória, que reinará sobre a mesinha de cabeceira do infortunado. Em reconhecimento ele lhe escreve uma carta-resposta. Eis que se correspondem! Sir Francis Carr Gomm, diretor do hospital, preocupado em financiar uma estadia administrativamente injustificável de um monstro entre os doentes, apela para a imprensa[24]. Esta se ocupa rapidamente da questão. As classes médias britânicas, comovidas pelo apelo, fazem afluir seus donativos de forma que, num curto espaço de tempo, o Homem-Elefante vê-se vitaliciamente provisionado. A comiseração pelos infortunados anatômicos espalhou-se na sociedade dos "bons costumes", gerando assim novos circuitos financeiros: uma *economia da compaixão* se implementa, diferenciando-se das práticas tradicionais de recolhimento de donativos, no quadro das antigas formas religiosas de administração da caridade, ou daquelas das instituições estatais de assistência aos enfermos. Trata-se desta vez de um apelo direto, que se dirige individualmente, por um intermediário publicitário de massa, a todo aquele

---

24. Carta no *Times*, 04/12/1886.

que à distância souber reconhecer no monstro um semelhante. Lá está efetivamente o paradoxo fundador da compaixão pelos monstros humanos, que adquire força no final do século XIX e conhecerá um desenvolvimento sem igual ao longo do século seguinte: trata-se de um estranho amor ao "próximo", que cresce proporcionalmente ao distanciamento de seu objeto assistido[25].

Os dispositivos atravessam o universo da ficção como o da ciência, do direito ou da moral: a literatura do século XIX teve nesta mutação das sensibilidades um papel essencial. Junto a autores tão diferentes entre si como Baudelaire, Hugo ou Vallès, entre os cronistas da velha Paris, como Victor Fournel e muitos outros, vemos constituir-se uma galeria de saltimbancos miseráveis, e, dentre estes, as curiosidades da rua, os "fenômenos vivos" das feiras, fantasmas do calçadão parisiense. Romances, crônicas e jornais contam a miséria sentimental dos monstros, as dores de amor da gigante e os tormentos dos anões. Os monstros ali são despojados do mito de sua felicidade, que servia no terreno das feiras como pano de fundo ao seu infortúnio. Conta-se seu destino trágico: o tema é caro a Vallès, particularmente sensível às formas precárias de existência destas "celebridades do calçadão", que lhe consagra longos desenvolvimentos biográficos, inclusive fazendo-os personagens romanescos, como *O bacharel gigante*, saltimbanco erudito, estudado, versado em latim, mas cuja monstruosidade física o relega à desgraça.

---

25. Alcançamos aqui as fontes daquilo que descreve BOLTANSKI, L. *La souffrance à distance: morale humanitaire, médias et politique*. Paris: Métailié, 1993.

Por que o século XIX engendrou, pois, tantos monstros literários, e, sobretudo, por que tantos monstros infelizes? Por que tantas lamúrias, tantas lamentações? Aquela de Frankenstein, monstro solteiro, que só pretende ser "cerzido à cadeia dos seres", mas cuja solidão congela sua meiguice natural e o encaminha na direção dos mais abomináveis crimes. Aquela de Quasímodo, tanta tristeza e doçura espalhada em suas caretas. Aquela de Gwynplaine, um riso monstruoso grudado ao rosto, de quem Déa, cega, adivinhava a alma. A alma de um monstro... Talvez Théophile Gauthier responda a esta questão em um artigo da revista *Moniteur Universel* descrevendo um espetáculo de anões na sala Hertz:

> Quando faltam as peças, os monstros, os fenômenos e as curiosidades se aproveitam para fazer a sua aparição. Na última quinta-feira, na sala Hertz, três seres fantásticos, o maior deles não medindo mais que trinta polegadas de altura, fizeram suas aparições. Eles provêm da Alemanha, a pátria dos gnomos e dos Kobolds [...]. Essa exibição divertiu muito, e os três anões poderão obter, talvez, a fama de Tom Pouce: eles em todo caso são mais vivos, mais engraçados, mais espirituosos. Quanto a nós, sem dúvida, preferiríamos para o espetáculo três lindas mulheres, três belas crianças ou três belos homens. A deformidade não é cômica, ela supõe o sofrimento e uma espécie de vergonha. Nestes corpinhos disformes e encarquilhados, nesses homúnculos tirados do álcool existe uma alma, afinal, uma alma angustiada no fundo de uma caixa malfeita e talvez cheia de amargura[26].

---

26. "Les nains de la Salle Hertz". *Le Moniteur Universal*, n. 9, 9/01/1860, p. 37.

Esta teria sido uma das descobertas científicas, literárias e estéticas essenciais do século XIX, cuja herança nos foi integralmente transmitida: os monstros têm uma alma. São humanos, *horrivelmente humanos*.

Reparar, retificar: a invenção dos *handicaps*

O cruzamento da escalada das preocupações compassivas e da medicalização crescente do campo do olhar constituirá assim o fundo de saberes e de sensibilidades onde vai poder se inventar e desenvolver a noção de *handicap*, particularmente após a Grande Guerra, isto é, após a mutilação corporal e seu cortejo de sofrimentos se terem instalado no coração da cultura perceptiva[27].

Censurado pela polícia dos espetáculos ou socorrido pela compaixão pública, o corpo monstruoso se liberta, pois, pouco a pouco, do universo das diversões populares. A percepção da deformidade humana, longamente identificada à figura do monstro, tende a fragmentar-se: o corpo enfermo se dissocia progressivamente do corpo monstruoso, e torna-se objeto de preocupações médicas vinculadas à sua reeducação. Surgido no final do século XVIII no seio da medicina das Luzes, por ocasião da assunção dos surdos ou dos cegos, este projeto vai se estender ao longo do século XIX à enfermidade física, multiplicar as instituições e as técnicas ortopédicas, favorecer a reinserção pelo trabalho, secularizar e estatizar o dever de assistência para com aqueles que sofrem dos infortúnios do

---

27. Cf. STIKER, H.J. *Corps infirmes et sociétés* (1982). Paris: Dunod, 1997. • COURTINE, J.-J. Op. cit., esp. p. 237-239; 255-262.

corpo[28]. Ele culminará na lei de 14 de julho de 1905, que prevê formas de auxílio destinadas "aos atingidos por uma enfermidade ou por uma doença reconhecida incurável". Este projeto está estreitamente vinculado ao desenvolvimento de um igualitarismo democrático que doravante assume reduzir as formas de exclusão longamente julgadas irremediáveis, já que percebidas como consequências das desigualdades "naturais" entre os corpos.

Entretanto, é imediatamente após a Primeira Guerra Mundial que o reconhecimento da enfermidade vai mais claramente fazer-se sentir entre as normas sociais de percepção do corpo. O retorno da multidão de mutilados à sociedade civil, a experiência generalizada da amputação, o espetáculo do corpo desmembrado e a frequentação cotidiana ao cadáver, bem como a profundidade do trauma e do sofrimento físicos, inscrevem a desfiguração e a vulnerabilidade do corpo no coração da cultura perceptiva. A massa dos mutilados de guerra vem juntar-se, assim, à miríade de trabalhadores acidentados, cuja lei de 9 de abril de 1898 tinha organizado a responsabilização: tanto num caso quanto no outro, cria-se um discurso de assistência que impõe a necessidade de uma reparação, o reconhecimento de uma responsabilidade e de uma solidariedade coletivas, bem como o auxílio do Estado, cuja implicação aumenta ao longo dos anos de 1920 através de um conjunto de medidas de integração, de reclassificação,

---

28. Sobre este conjunto de pontos, cf. a contribuição de H.-J. Stiker no volume II de *Histoire du corps*. Op. cit., p. 347-374.

e de reeducação[29]. A deficiência corporal simultaneamente entra então em um universo de culpabilidade e de obrigações morais, e em uma cultura médico-social da reparação. A sociedade passa a reconhecer sua dívida para com aquele que pagou com o pesado tributo de seu corpo a substituição profética do membro amputado, buscando devolver-lhe socialmente o espaço perdido. O século XIX separou o monstro do enfermo, instituindo a reeducação deste último. Os anos que separam as duas guerras vão substituir o mutilado pelo enfermo, vendo na invalidez somente uma "insuficiência a compensar, uma falha a dissipar. Falar dessa derrapagem vai ser uma das funções da nova linguagem, a do 'handicap'. Noção geral, enfim, que vai estender-se a todos os *infortunados*, a todas as formas de *handicap*. Nos anos de 1920, uma oscilação se produz, e uma nova lógica se instala"[30]. Esta lógica, irresistivelmente, vai se estender para além da Segunda Guerra Mundial. Mas esta é outra história.

Hoje, de uma forma mais clara, nos damos conta dos efeitos destas mutações sobre as práticas ontem tão populares da exibição do anormal: o espetáculo e o comércio da monstruosidade não puderam verdadeiramente prosperar mantendo frágil, senão inexistente, o vínculo de identificação entre o espec-

---

29. Criação do Gabinete Nacional dos Mutilados de Guerra (02/03/1916), lei sobre a reeducação profissional dos mutilados e reformados de guerra (02/01/1918), leis sobre a ajuda de reclassificação profissional (mar./1919, abr./1924), lei autorizando a entrada dos trabalhadores mutilados nas escolas de reeducação dos mutilados de guerra (05/05/1924, 14/05/1930)... Desenvolvimentos semelhantes alhures, tanto na Europa quanto na América do Norte, como, p. ex., a fundação pela Cruz Vermelha dos Estados Unidos, em 1917, do *Institute for Crippled and Disabled Men*.
30. STIKER, H.-J. *Corps infirmes...* Op. cit., p. 128.

tador e o sujeito exibido. Não é senão a partir do momento em que a monstruosidade foi percebida como humana, isto é, quando o espetáculo do entra e sai pôde reconhecer um *semelhante* na deformidade do corpo exibido, que efetivamente seu espetáculo passou a ser problemático. É a oscilação histórica ambígua e complexa da monstruosidade *da ordem do outro àquela do mesmo*, da qual se percebe o desenvolvimento ao longo do século XIX e sua decaída na primeira metade do século seguinte, que relega ao abandono os dispositivos tradicionais da exibição do anormal.

Corpos anormais, corpos ordinários

Tudo isso, obviamente, não ocorre sem consequências históricas. Quanto ao espetáculo da deformidade, após o término da Segunda Guerra assiste-se a uma transformação da cultura visual da diversão. Os teatros de feiras fecham suas portas um após outro, os entra e sai veem seus hóspedes deixá-los um a um, seus espectadores fazendo-se sempre mais raros. É o fim da exibição do anormal, sob as formas que dominaram a esfera dos espetáculos da segunda metade do século XIX e do início do século XX. Os zoos humanos desapareceram por volta de 1931-1932, os museus de anatomia fecharam suas portas no entardecer dos anos de 1930. Sobre os 101 industriais feirantes que se fizeram presentes à Festa de Saint-Cloud em 1920, somente dois entra e sai e um museu de anatomia sobraram, perdidos entre a multidão de cavalinhos de circo, jogos de tiro ao alvo, confeitarias e loterias, após os anos de 1930[31]. Os entra e sai desaparecem definitiva-

---

31. *Paris Forain*, n. 1, 01/10/1920.

mente no pós-guerra: os últimos feirantes que ainda exibiam fenômenos vivos no final dos anos de 1940 se resignaram a mudar o nome e a natureza de sua "indústria". O monstro, decididamente, já não fazia mais parte de suas receitas.

Entretanto, o espetáculo da monstruosidade se enraíza em uma base antropológica muito antiga, e responde a uma necessidade psicológica demasiadamente profunda para esvanecer-se dessa forma. Deste modo, se ele quisesse proliferar-se ao longo do século XX, necessariamente deveria instaurar, entre o espetáculo da deformidade humana e seu objeto, múltiplos distanciamentos. Uma das mais espetaculares e radicais destas formas de distração é o cinema que vai fornecê-la. Neste particular, o célebre *Freaks* (1932), de Todd Browing, permanece um filme emblemático. Seu autor converte o monstro em signo, e abre uma era nova, ambígua, e paradoxal: o monstro humano desaparece do espaço público, ao passo que o espetáculo dos signos monstruosos prolifera; os *handicaps* se universalizam no seio da sociedade de "infratores normais", segundo a formulação de Goffman, embora devam, simultaneamente, passar despercebidos, objetos de um "descaso civil". Em suma: as sociedades democráticas de massa pretenderam converter o corpo anormal em corpo ordinário. E desta forma elas se transformaram em espaço de um conflito entre razão política e singularidade do olhar: a razão política reivindicando o tratamento igualitário dos indivíduos, não importando suas aparências, a singularidade do olhar registrando o desconforto diante da deformidade corporal, mesmo que simultaneamente percebida e gomada, lembrada e negada, na multiplicação do que hoje chamamos de "diferenças". Visto que este é precisamente o termo escolhido, nas sociedades democráticas, para proclamar – por causa de um recalcamento deliberado do olhar pela razão – *a igualdade entre os corpos*.

O monstro cessou de ensinar uma norma que doravante o inclui. O "poder de normalização" mudou de natureza: a normalização do anormal sucedeu à sua exibição. Mas uma questão permanece: quem assume hoje a função, outrora reservada às monstruosidades humanas, de fazer a demonstração do anormal? Quem são os novos monstros, estes monstros "pálidos" da anomalia cujo advento Michel Foucault predizia?

V
DOS AMERICANOS ORDINÁRIOS
A genealogia das imagens de Abou Ghraib

> Eu não imaginei que iria ter problemas. Eu não pensei que tivesse cometido qualquer tipo de maldade. Bem, eu tirei umas fotos, e eu estava nelas, mas jamais pensei que isso fizesse realmente parte daquilo que se passou, ou que estas fotos tivessem alguma importância... (Soldada Sabrina Harman, apud GOUREVITCH, P. & MORRIS, E. *Standard Operating Procedure* – A War Story. Nova York: Penguin Press, 2008, p. 247).

Esta realidade fotográfica se nos apresenta em forma de clichê amadorístico: muros sujos, grades de ferro, luz opaca, contornos esfumaçados, algo tecnicamente decepcionante, imperfeito. Numa das fotos, uma pirâmide de corpos nus, tendo ao fundo um homem e uma mulher em fardas do exército americano, polegares triunfantes, sorrindo para a objetiva. Em outra, um prisioneiro engatinhando, encabrestado por uma mulher-soldado. Na mesma foto, outra soldada se inclina sobre um cadáver tumeficado, sorriso radiante novamente, polegar triunfal. Em outra, homens desnudados, vendados por roupas íntimas femininas. Em outro desses clichês, detidos mostrando os caninos. E, para concluir, em equilíbrio precário em cima de um caixote, um prisioneiro encapuzado, coberto de eletrodos...

As imagens das sevícias cometidas em 2003 na prisão de Abou Ghraib, no Iraque, giraram o planeta, e ficaram gravadas nas memórias. É delas que nos ocuparemos nas linhas que seguem. Sua análise situa-se aqui na encruzilhada de várias preocupações que me são particulares: uma docência consagrada à antropologia e à história das imagens[1]; uma série de questões sobre os deslocamentos da fronteira entre as definições do humano e do inumano referidas na obra *História do corpo*[2]; uma curiosidade antiga, enfim, por certas formas da cultura de massa na América do Norte, por ali ter vivido e ter-me interrogado sobre o que eu percebia como um estado de violência ordinária, endêmica à sociedade americana. Vi, portanto, nestas imagens, a ocasião de levantar o problema da relação entre estes comportamentos advindos em tempo de guerra e certas formas de violência residual na cultura de massa a mais ordinária, em tempo de paz, em sociedades que, no entanto, podemos descrever, se seguirmos Norbert Elias, como sociedades "a alto nível de pacificação".

As imagens de Abou Ghraib colocam assim a questão de uma antropologia da desumanização, na linha do que Elias

---

1. Esta docência, iniciada em 2003, que levou notadamente à elaboração da noção de *interconicidade* empregada neste texto, transformou-se em um espaço particularmente frutuoso de intercâmbios com os estudantes de M_2, doutorandos e pós-doutorandos provenientes de inúmeros países. Não tenho palavras para adequadamente agradecê-los aqui, sobretudo pela parte essencial que eles assumiram nesta construção. Muito deste livro é devido a eles, particularmente este capítulo.

2. Cf. esp. "Le corps inhuman". CORBIN, A.; COURTINE, J.-J. & VIGARELLO, G. (dir.). *Histoire du corps (XVI-XXe siècle)*. Vol. I. Paris: Le Seuil, 2005-2006, p. 373-386 [*História do corpo*. Vol. 1. Petrópolis: Vozes, 2008, p. 487-534]. Cf. tb. "Le corps anormal – Histoire et anthropologie culturelles de la deformité". *Histoire du corps*. Vol. III, p. 201-262 [*História do corpo*. Vol. 3. Petrópolis: Vozes, p. 253-340] e os capítulos III e IV desta obra.

denomina *the breakdown of civilisation*, a ideia de uma dissolução dos comportamentos civilizados que ele acopla à experiência de violência guerreira extrema da primeira metade do século XX[3]. Como as formas civilizadas de comportamento se verticalizam em uma sociedade pacificada? O que me interessa aqui é menos o que George Mosse chama de "brutalização" das sociedades europeias pela guerra, e mais, ao contrário, a maneira como podem ressurgir, em tempo de guerra, os bolsões residuais, as formas latentes de "descivilização" que subsistem no funcionamento cotidiano e banal das relações sociais em tempo de paz. Já que este será um dos fios condutores das páginas que se seguem, e, de alguma forma, seu axioma antropológico: toda cultura humana encerra, ao estado ordinário, uma memória de imagens de desumanização, ou de descivilização, não importando a maneira com a qual se designe esta perda. Estas representações, estas imagens, esta memória dormentes podem – quando em uma situação de guerra o quadro normativo dos comportamentos assume livre curso –, vir à tona, tomar corpo, autorizar ações, engendrar violências. É o que me parece ter-se produzido em Abou Ghraib, entre outras coisas.

Os fantasmas de Abou Ghraib

Nada é simples, no entanto, em relação àquilo que ali se passou. E as fotografias que restaram apresentam, para além do que elas parecem mostrar com toda evidência, inúmeros paradoxos. As questões que me preocupam dizem respeito an-

---

3. ELIAS, N. *La solitude des mourants*. Paris: Christian Bourgois, 1998 [1982].

tes de tudo à genealogia de sua construção, à crônica de sua difusão, à experiência perceptiva que elas provocam, ou seja, muito mais a história da fabricação de um olhar do que a revelação de uma verdade qualquer. Já que, com efeito, à questão de saber se o que se vê nestas fotografias é "verdadeiro", e se o exército americano realmente praticou a tortura no Iraque, a resposta não oferece, como o sabemos, nenhuma dúvida...

Gostaria, consequentemente, antes de avançar, de dizer que considero pacífica, e sobre isso não me posicionarei nestas páginas, a existência de inúmeras temáticas perfeitamente legítimas em relação à extensão e à complexidade das questões que emergem do ocorrido em Abou Ghraib.

Assim, não abordarei a questão política geral da relação entre democracia e tortura: silenciarei sobre a erosão dos próprios fundamentos de sua legitimidade que ameaça todo Estado democrático que ali se aventura[4]. Silenciarei igualmente sobre o fato de que, no pós-11 de setembro de 2001, no quadro de sua guerra infinita contra o terrorismo (*War on Terror*), os Estados Unidos, em várias partes do mundo, longe de seus limites territoriais, do Bagram afegão, passando pelo Guantânamo cubano até a prisão iraquiana de Abou Ghraib, submeteram prisioneiros a incontáveis formas de sevícias. Guardarei igualmente silêncio sobre o fato de tudo isso ter acontecido com a aprovação das mais altas autoridades políticas e militares do país, e totalmente contra as regras do artigo 3 da Convenção de Genebra de 1949, relativas ao tratamento

---

[4]. Sobre este ponto, cf. esp. TERESTCHENKO, M. *Du bon usage de la torture, ou comment les démocraties justifient l'injustifiable*. Paris: La Découverte, 2008.
• SCHULTZ, W.F. (org.). *The Phenomenon of Torture* – Readings and Commentary. Filadélfia: University of Pensylvania Press, 2007.

dos prisioneiros de guerra, convenção assinada pelos Estados Unidos. Também não abordarei a questão de saber, uma vez estes fatos revelados, como uma democracia se mobiliza para enfrentá-los, ou, no caso de Abou Ghraib, se recusa a fazê-lo, ou não o faz senão tardiamente, sem renunciar, no entanto, a lançar a culpa sobre os subalternos[5]. Igualmente não relatarei os testemunhos escabrosos das vítimas destes crimes, posteriormente divulgados pela Cruz Vermelha Internacional, nem sequer pretendo cansar o leitor sobre o seguinte fato: do parecer mesmo das autoridades americanas, sobre as mais de 8.000 pessoas que povoavam a prisão de Abou Ghraib por ocasião dos fatos, cujas estimativas mais otimistas consideraram que entre 70 e 90% delas tinham sido presas por engano e que, portanto, não deviam estar lá. Talvez deva limitar-me a simplesmente dizer, para concluir este ponto, que muitos dos presos, tanto para seus familiares quanto para a população iraquiana, constavam como "desaparecidos"; e que, no interior da prisão, o número dos que não figuravam oficialmente nas listas era tamanho que foi necessário encontrar-lhes um 'nome': *ghost*[6]. São os fantasmas de Abou Ghraib.

"Eles existiam, mas não existiam. Estavam lá, mas lá não estavam", admite assim um dos res-

---

5. Desta forma, os soldados presentes nas fotografias passaram a celebridade ridícula, sendo denominados *seven bad apples*: estas "sete maçãs podres" que urgia retirar da cesta, supondo que as outras não eram absolutamente corrompidas, particularmente as que se encontravam mais ao fundo da mesma cesta. Somente estes subalternos foram condenados a penas prisionais.

6. Sobre este conjunto de pontos, cf. esp. DANNER, M. *Torture and Truth – America, Abu Ghraib, and the War on Terror*. Nova York: New York Review Books, 2004. • GOUREVITCH, P. & MORRIS, E. *Standard Operating Procedure – A War Story*. Nova York: Penguin Press, 2008. Bem como o documentário epônimo de Errol Morris.

ponsáveis pela prisão. Testemunha-o esse diálogo extraído de um documento da comissão de pesquisa entre um oficial recém-chegado a Abou Ghraib e o responsável pelo quartel de segurança: Q. – "Por que estou com 55 detentos, mas somente 50 constam no relatório? Quem são aqueles cinco, naquela cela?" R. – "Eles não estão lá." Q. – "Sim, eles estão lá, e os vejo." R. – "Tu os vês, mas eles não estão lá"[7].

Voltemos às fotografias que, estas sim, estão realmente lá, começando por um breve esboço da história de sua difusão. Ela tem início em um belo dia de novembro de 2003. Regressando de sua folga à prisão de Abou Ghraib, da qual fora instituído responsável, o oficial Joseph Darby interroga seu substituto, Charles Graner, sobre os incidentes ocorridos em sua ausência. Imediatamente o oficial vê-se munido de dois CD-roms contendo centenas de fotografias documentando as sevícias cometidas por militares americanos contra presos iraquianos. Ele entrega então esta prova à sua hierarquia, que sem grande entusiasmo instaura uma investigação. Os primeiros vazamentos públicos deste fato, inicialmente muito genéricos, foram divulgados no *Washington Post*; meia-dúzia de fotos foi divulgada na transmissão televisiva *Sexty Minutes*, da CBS, em 28 de abril de 2004; e, uma segunda leva de fotos, 9 ao todo, foi publicada alguns dias depois no *New Yorker*[8].

---

7. Ibid., p. 95-97.
8. Sobre a cronologia da divulgação do caso e a difusão das fotografias, cf. HERSH, S. "Torture at Abu Ghraib". *New Yorker*, 30/04/2004. • DANNER, M. "Abu Ghraib: The Hidden Story". *New York Review of Books*, vol. 51, n. 15, 07/10/2004. • GUNTHERT, A. "L'image numérique s'en va-t-en guerre – Les photographies d'Abou Ghraib". Études Photographiques, 15, p. 125-151. • LOWY, V. "Sguardi sulle fotografie d'Abu Ghraib". *Memoria e Ricerca*, 20, 2005, p. 111-131. • GOUREVITCH, P. & MORRIS, E. Op. cit.

Elas imediatamente adquirem o estatuto de imagens-mundo, e de forma quase instantânea fazem a volta ao redor do planeta, difundindo em seu rasto curiosidade, estupor, fastio ou raiva. A exigência contemporânea de transparência, que mais tarde iria encarnar *WikiLeaks*, acabava de encontrar lá uma extensão tão espetacular quanto inédita, colocando em cena e em imagens, numa instituição habitualmente celebrada por seu silêncio – o exército – práticas desde sempre destinadas à invisibilidade – as torturas.

O sofrimento em espetáculo

Estes são os fatos. Permanecem as questões e seus paradoxos. Primeiramente a questão da origem das fotografias: qual é, pois, a natureza desta pulsão em produzir imagens que levaram estes americanos ordinários, em circunstâncias que não permitiam expor-se a riscos, a fazer tal diaporama de sofrimentos e humilhações? Ou ainda, dito de outra forma: como, definitivamente, explicar a necessidade, para estes soldados, de se apresentarem como torturadores, e documentarem assim as peças centrais que iriam se transformar em provas cabais da própria acusação? Como explicar enfim o poder de um desejo de exibição que levou representantes do exército americano a fornecer àqueles que eles consideram "inimigos da América" imagens de propaganda de uma eficácia com a qual a própria organização Al Qaida jamais ousara sonhar? Já que todos percebiam que estas fotografias tinham uma vantagem considerável sobre as habituais imagens de propaganda: elas, desta vez ao menos, eram verdadeiras...

Por que, pois, tais imagens? Se elas são raras quanto àquilo que representam, mostrando realisticamente cenas de tortura, elas não representam nenhuma novidade na iconografia das guerras contemporâneas[9]. E elas são bem mais ordinárias do que aparentam, se considerarmos o "gênero" ao qual elas pertencem, que lhes preexiste, e de onde elas, de certa forma, procedem. Em suma, são fotografias previsíveis. Esta forma de espetáculo, que constitui seu horizonte de expectativa, é uma das modalidades que podemos hoje considerar "clássica" da formação do olhar do (tele)espectador contemporâneo: a observação à distância do sofrimento do outro[10]. Susan Sontag ressaltou com extrema perspicácia a propósito, justamente, das imagens de guerra: "Ser espectador das calamidades que acontecem em outro país constitui-se em uma experiência tipicamente moderna [...]. As guerras são atualmente o espetáculo sonoro e luzidio de nossos salões"[11]. Antes de acrescentar:

> A caça às imagens espetaculares [...] dinamiza a indústria fotográfica, e participa da normalidade de uma cultura que transforma o chocante em um dos grandes estímulos do consumo [...]. O que o grande público demanda em matéria de fotografia do horror é o choque de realidade sem retoque artístico. As imagens de acontecimentos aterradores parecem mais autênticas se [...] o fotógrafo for amador[12].

---

9. Particularmente aquelas do Vietnã, ou da Guerra da Argélia. Sobre essa última, cf. GERVEREAU, L. & STORA, B. *Photographier la guerre d'Algérie*. Paris: Marval, 2004.
10. Que soube analisar BOLTANSKI, L. *La souffrance à distance* – Morale humanitaire, médias et politique. Paris: Métaillé, 1993.
11. SONTAG, S. *Devant la douleur des autres*. Paris: Christian Bourgois, 2003, p. 26.
12. Ibid., p. 31 e 35.

Enfim, para concluir:
> Parecia que o apetite por imagens que mostram corpos sofredores fosse tão vivo, ou quase, quanto o desejo de imagens mostrando corpos nus[13].

Olhar distanciado do sofrimento do corpo, cultura do impacto visual, efeitos de autenticidade por imperfeição técnica, caráter quase pornográfico da solicitação perceptiva: as fotografias de Abou Ghraib preenchem o conjunto das quatro condições que subscrevem sua pertença a um gênero preexistente. Sua originalidade, a este respeito, é discutível: seria provavelmente mais justo dizer que elas constituem, paradoxalmente, um passo à frente no horror fotográfico, ao mesmo tempo um passo a mais na banalidade fotográfica. Um avanço, em todo caso, em relação à banalidade do horror.

A usura da compaixão

Gostaria de sublinhar, antes de prosseguir, o que me parecem ser as consequências mais recentes desta midiatização do sofrimento, em relação ao espectador ele mesmo: o horror tende a tornar-se banal. Nota-se efetivamente, graças às fotografias de Abou Ghraib, que as respostas clássicas ao espetáculo do sofrimento à distância foram utilizadas. A condenação dos carrascos felizmente não foi banida, mas ela foi apenas passageira, e é inclusive possível deduzir que os carrascos não deixam de alimentar alguma sedução[14]. A simpatia

---
13. Ibid., p. 49.
14. LACOSTE, C. *Séduction du bourreau* – Négation des victimes. Paris: PUF, 2010.

em relação às vítimas perde fôlego à medida que engrossam suas fileiras. Ambas sofrem a erosão contínua da multiplicação de imagens da dor longínqua, das cadências de sua concentração em um gênero pletórico, das qualidades "estéticas" que elas ali adquirem; mesmo que se trate, como no caso que nos ocupa, de uma estética "pobre", a da foto de amador, que, no entanto, sabe primorosamente permutar seu déficit técnico contra um sobrepeso de autenticidade. Deste fato, a proximidade ressentida em relação ao sofrimento humano, imerso assim no fluxo de imagens carreadas pelas mídias líquidas, rogadas a ceder lugar ao desembarque de novas levas de ícones da desgraça, entra em um conflito insolúvel com a lembrança constante de seu distanciamento: a espessura tecnológica do processo que se interpõe entre o acontecimento e o espectador, esquecida em um instante de transparência, ressurge em toda sua opacidade; e, com ela, ressurgem a estranheza dos atores, o distanciamento do lugar e das circunstâncias, e, finalmente, o próprio distanciamento das residências humanas da dor.

Pois o paradoxo de tais imagens pretende que a necessidade do distanciamento seja proporcional à intensidade do sofrimento encenado, e à proximidade inicialmente ressentida em face deste: quanto maior o sofrimento mostrado, mais vive a compaixão, mais radical o distanciamento. A usura compassiva: parece-me que este dispositivo psíquico tende hoje a alargar sua soberania ao reino das emoções induzidas junto ao (tele)espectador obrigado ao sofrimento longínquo, ao qual somos todos submetidos. Ele ali coexiste com respostas emocionais mais "clássicas", quer se trate da indignação em relação aos carrascos, quer seja em relação à simpatia com as vítimas. No entanto, a meu ver, ele parece ganhar terreno; e se fosse necessário dar-lhe um nome mais preciso, no léxico da Medicina ele deveria estar próximo da anestesia, ou, no léxico psicanalítico, dos mecanismos de defesa. Sua ausência explica o trauma abissal ressentido quando a realidade da catástrofe e seu cortejo de dramas humanos vêm bater à porta. O 11 de setembro de 2001, a este respeito, constituirá por muito tempo – antes que o tempo e, com ele, o luto, não concluam sua obra – a lembrança lancinante de uma tragédia que ainda transcende a possibilidade mesma de uma anestesia e de um refluxo coletivos.

É em tal contexto, parece-me, que as imagens de Abou Ghraib devem ser compreendidas. Este contexto é aquele do fim da experiência vivida da guerra no Ocidente, e da substituição nesta sociedade do espetáculo da violência guerreira, à qual partes inteiras da cultura visual da violência são doravante consagradas. Com efeito, se, do ponto de vista da memória ocidental, a primeira metade do século XX foi a da guerra, a segunda, uma vez liquidados os últimos conflitos coloniais, foi a das imagens de guerra: a da guerra mostrada, em toda a sua violência, tal como as imagens de Abou Ghraib a desvelam. Mas igualmente a da guerra encenada: a necessidade de produzir ficções guerreiras, sempre mais numerosas, sempre mais realistas, é tanto mais imperiosa já que se trata de mostrar o que a guerra foi para quem jamais a conheceu, e cujo corpo deixou de apresentar seus rastos. O problema permanece, já que na cultura visual do Ocidente contemporâneo a fronteira tende a oscilar e a apagar-se entre realidades e ficções guerreiras. A tal ponto que as ficções acabam às vezes parecendo reais, e as realidades fictícias. O 11 de setembro, ou Abou Ghraib, não fogem a essa regra que faz destas realidades simultaneamente um acontecimento e um espetáculo, um dado histórico simultaneamente virtual, inscrevendo-os nos fatos de uma história global e na genealogia de uma memória das imagens.

Intericonicidade e memória das imagens

Pode parecer estranho que, para tratar da dupla referência das imagens de Abou Ghraib – elas reenviam a fatos e a acontecimentos por um lado, e, por outro, a outras imagens –, devamos voltar mais uma vez a Michel Foucault. Já que em seus escritos não saberíamos encontrar efetivamente muito interesse ou longos desenvolvimentos sobre a temática: exceto algumas questões primordiais sobre Freud e as imagens do sonho, uma análise que se tornou clássica das *Ménines* (Meninas) de Velásquez, um interesse pela fantasmagoria na *Tentação de Santo Antônio* ou para Magritte e seus jogos icônicos, e a emoção ressentida diante das fotografias de Duane Michels, ou em relação à análise do "trânsito das imagens" na pintura de Fromanger... As observações foucaultianas são pouco numerosas, e dispersas. A não ser, obviamente, que não se leve em conta que o discurso é o objeto privilegiado da *Arqueologia do saber*, como me propus a fazê-lo, e que se restabeleça o que, em última análise, como na carta roubada de Poe, ali se encontra em tamanha evidência que ela fuja ao olhar: o "saber" ele mesmo, objeto verdadeiro da arqueologia ao ponto de fornecer à obra o título, e composto de materiais discursivos e não discursivos, e, dentre estes, as imagens.

Quanto a mim não vejo obstáculo algum diante do fato da perspectiva arqueológica poder assumir as imagens como objetos. Vejo nisso, inclusive, uma vantagem maior, enquanto ela permite abandonar de vez o paradigma semiológico de tratamento das imagens sobre o modelo da língua, para inscrevê-las, ao lado dos discursos e ligados a estes, na análise histórica da materialidade dos saberes. Existem ainda, junto a Foucault, dois elementos que me parecem essenciais na compreensão da dimensão antropológica e histórica das imagens: trata-se da noção de "domínio de memória", condição de possibilidade dos saberes; e, novamente, do "dispositivo", que pode esclarecer os poderes inéditos que se advinham no processo tecnológico de produção e disseminação das imagens que os soldados de Abou Ghraib um belo dia espalharam sobre a face da terra.

Pois, destas imagens, estamos longe de ter esgotado todos os paradoxos. Deste modo: como conceber que sobre imagens julgadas inéditas subsista uma impressão insistente do *já visto*? Ou ainda: ao passo que centenas de imagens estavam à disposição, por que um número extremamente restrito, uma quinzena aproximadamente, foi difundido? Ao ponto de ver-se lá, provavelmente, uma confirmação suplementar do que a globalização faz com as imagens: sua difusão planetária é proporcional à sua extrema rarefação, como justamente o soube observar Clément Cheyroux a propósito das imagens do 11 de setembro[15].

---

15. *Diplopie* – L'image photographique à l'ère des médias globalisés: Essai sur le 11 septembre 2001. Paris: Le Point du jour, 2009. Cf. supra, capítulo I.

Tanto num caso quanto no outro, existem razões econômicas e institucionais: a concentração progressiva, ao longo dos últimos trinta anos, das mídias globalizadas em uma meia-dúzia de grupos, a importância assumida em seu seio pelas agências filárias que mundializam a informação fotográfica reforçaram consideravelmente sua uniformização[16]. Mas isso ainda não permite responder inteiramente à questão: por que somente restaram de Abou Ghraib aquelas imagens lá, e não outras?

Porque existem imagens *debaixo* destas imagens: na escolha de seus temas, na apresentação destes em quadros, na construção de um olhar pelos enquadramentos e pelas montagens que elas operam, na lógica do discurso que as ordena implicitamente em sequências, elas repetem o mais frequentemente, sem sabê-lo, outras imagens. Da mesma forma que existe o "sempre já" do discurso, *existe o sempre já da imagem*. Compreender a gênese das fotografias de Abou Ghraib implica, portanto, refletir sobre a maneira como a memória das imagens se forma. E salientar em primeiro, com Susan Sontag de novo, e a propósito, precisamente, das imagens da prisão iraquiana, que "o museu da memória ocidental é atualmente quase inteiramente um museu visual. As fotografias possuem o poder insuperável de determinar o que memorizamos dos acontecimentos"[17]. E se elas dispõem de tal poder é porque o indivíduo, circundado, submerso pelos fluxos visuais contínuos da imagem-movimento, estoca e conserva imagem por

---

16. Ibid.
17. SONTAG, S. "Regarding the Torture of Others". *New York Times*, 23/05/2004.

imagem. "A memória, acrescenta ainda Sontag, procede por aterrissagem sobre a imagem. Sua unidade de base é a imagem isolada"[18]. A fotografia, na proliferação dos fluxos, constitui uma "forma compacta de memorização [...] comparável a uma citação, a uma máxima, ou a um provérbio. Cada um de nós, em seu estoque mental, dispõe de centenas de fotografias cuja lembrança pode instantaneamente ser evocada"[19]. Uma fotografia, portanto, nunca está verdadeiramente isolada: ela é comparável às formas pré-construídas do discurso e, como elas, ela pode ser citada, convocada, evocada, e igualmente e evidentemente apagada... Dito outramente: a fotografia constitui um dos quadros sociais essenciais da memória contemporânea[20], um dos suportes ao mesmo tempo material e físico da cultura visual de nossas sociedades.

Lá está o fundamento mesmo da *intericonicidade*[21], isto é, a rede de reminiscências pessoais e de memórias coletivas que religam as imagens umas às outras. É deste modo que toda fotografia suscita outra, que toda imagem estende ramificações genealógicas na memória das imagens. É o que soube perfeitamente discernir Clément Dheyroux a propósito destas poucas fotografias do 11 de setembro, cuja divulgação

---

18. SONTAG, S. *Devant...* Op. cit., p. 30.
19. Ibid.
20. Na perspectiva de HALBWACHS, M. *Les cadres sociaux de la mémoire.* Paris/La Haye, Mouton, 1975 [1925]. • *La mémoire collective.* Paris: PUF, 1951.
21. A noção de intericonicidade foi desde 2003 o elemento teórico central do seminário sobre a antropologia e a história das imagens do qual este texto surgiu. Cf. a entrevista realizada no dia 6 de outubro de 2005 por Nilton Milanez, publicada na web de seu grupo de pesquisas "Grudiocorpo", da Universidade do Sudeste da Bahia (Brasil) e intitulado "Intericonicidade" (http://vimeo.com/4986725) consagrado a esta noção.

planetária garantiu sua passagem à posteridade: sob as torres gêmeas fumegantes, a explosão dos prédios americanos em 1942 no porto de Perl Harbour; em filigrana, atrás do clichê dos bombeiros de Nova York reerguendo a bandeira estrelada sobre os escombros do World Trade Center, o célebre *snapshot* fotografado por Joe Rosenthal de seis marinheiros içando a bandeira americana no cume da Ilha de Hiroxima, em 23 de fevereiro de 1945.

> Isso vale tanto para imagens quanto para textos. Os ícones dos atentados de Nova York são disso um bom exemplo. Elas reenviam tanto, senão mais, a outras imagens quanto à realidade do acontecimento do qual elas são seus rastos diretos[22].

Isso vale também para as imagens de Abou Ghraib. Existem outras imagens sob estas imagens, que provêm da cultura e da memória visual da América ordinária, aquelas das quais estes soldados são portadores. Elas não são, pois, em certos aspectos, senão parcialmente imagens de guerra, ainda que o estado de guerra tenha presidido às circunstâncias e às condições de sua produção e de sua circulação, ao interesse planetário que suscitou sua recepção. Mas elas se inscrevem outro tanto em uma genealogia de imagens que lhes preexistem, uma intericonicidade que só permite discernir sua origem nas memórias coletivas e singulares que as carregam, os paradoxos dos dispositivos que estimularam sua fabricação e sua difusão, os desejos e as pulsões dos olhares que as animam, quer se trate de quem as produziu, quer se trate de seus espectadores.

---

22. CHEYROUX, C. Op. cit., p. 77.

Quais imagens da cultura visual da América ordinária podem ser vislumbradas, portanto, sob as que foram registradas na prisão de Abou Ghraib?

Turistas e algozes

Estas fotografias são antes de tudo, e primeiramente, imagens-suvenir. E estes soldados embarcados para a guerra no Oriente Médio foram, e continuam sendo, turistas[23]. Dos turistas contemporâneos eles possuem ao mesmo tempo a panóplia completa (câmeras digitais, microcomputadores e programas apropriados) e o desejo de guardar consigo recordações de uma expedição longínqua. A tradição de mostrar a *sua* guerra é antiga: reportar do fronte o suvenir de cenas exóticas e perigosas, que rompem com o ordinário da sombria existência dos campos de treinamento ou das pequenas cidades do *meio-oeste* de onde a maioria provém, e para aonde eles têm a vocação a se ver repatriados, para mostrar estas lembranças ao círculo restrito dos amigos restados no local, ou para a família deslumbrada, todos destinatários destes clichês.

Pelo menos era assim que outrora as coisas se passavam. Exceto que, à hora das mídias líquidas, uma difusão restrita não saberia jamais ser absolutamente garantida: estas imagens se tornam, do fato de seu potencial extremamente elevado de dispersão ideológica, da força de disseminação centrípeta que elas possuem, imagens-mundo. É a desventura de turistas à moda antiga equipados com material hipermoderno: eis que suas fotos os precedem, e chegam antes deles ao lar. A não ser que uma outra hipótese não seja vislumbrável, que apresenta

---

23. Foi Luc Sante que primeiramente sublinhou este aspecto: "Tourists and Torturers". *New York Times*, 11/05/2004.

159

Susan Sontag, para quem as fotografias da prisão iraquiana refletem uma mudança no uso das imagens, "menos objetos à salvaguardar que mensagens a disseminar, a fazer circular [...]. Lá onde a fotografia de guerra era outrora o domínio dos repórteres, agora os próprios soldados se fazem enviados especiais – eles registram sua guerra, suas distrações, suas observações daquilo que consideram pitoresco, suas atrocidades – e eis que eles intercambiam as imagens e as fazem dar a volta ao mundo via e-mails"[24].

Seja como for, e quais tenham sido suas intenções, estes soldados são realmente turistas à procura de lembranças fotográficas a rever ou a compartilhar, e animados, como o são os turistas, do desejo de exercer o papel principal sobre estas fotos-suvenir, e provar que, de fato, eles estavam lá.

---

24. SONTAG, S. "Regarding..." Op. cit.

> Quando um soldado vê um cadáver ele, em princípio, o fotografa. Eu não sei o porquê, talvez se trate de uma questão de curiosidade, como quando se vê alguma coisa estranha, e logo se quer tirar uma foto. Justamente para dizer: Oh! Olhe onde estive, veja o que eu vi![25]

As fotografias de Abou Ghraib não infringem, a este respeito, as regras históricas do gênero: este último viu, na história da fotografia turística, o corpo do turista passar progressivamente, desde o final do século XIX e ao longo do seguinte, da exclusão às margens da imagem, depois ao centro desta, vindo assim relançar a curiosidade ela mesma em último plano. A fotografia onde a soldada Sabrina Harman sorri em primeiro plano, polegar fazendo positivo, é um dos testemunhos mais eloquentes disso. Exceto que é o cadáver de um prisioneiro iraquiano que fornece ao clichê sua decoração e sua carga exótica. Um exotismo do cadáver: urgiria impressionar-se com isso, já que realmente se sabe que existe um turismo de massa de destruições urbanas, de mortuários e de ossários, de catástrofes humanas? Temo realmente, lá ainda, que esta foto não pertence a um gênero.

Uma questão permanece, no entanto, que Errol Morris, ao longo de sua entrevista com Sabrina Harman, não deixou de colocar. Como sorrir diante de um cadáver tumeficado, de um homem assassinado após ter sido torturado? O que tinha, pois, na cabeça Sabrina Harman, e em que poderia ela estar pensando naquele momento?

---

25. Entrevista de Sabrina Harman. In: GOUREVITCH, P. & MORRIS, *Standard...* Op. cit., p. 245.

> Q. – "Mas por que esta foto, você inclinada sobre o cadáver?"
> R. – "Era justamente uma forma de dizer: 'Oh! Olhem, é um cadáver, estamos com um cadáver!' Eu penso que não pensávamos em nada, como, por exemplo: 'Oh! Este cara tem uma família!', ou: 'Este cara acaba de ser assassinado...' Não, era só uma forma de dizer: 'Oh! É um homem morto, e era uma façanha fazer-se fotografar ao lado de um cadáver'"[26].

Sabrina não pensava em nada. Enfim, não exatamente. Ela diz que não pensava em nada, mas sua resposta nos dá alguns elementos sobre o que ela pensava, ou, antes, sobre o que ela não pensava: ela não pensava que esse cara podia ter uma família, ela não pensava que ele acabava de ser assassinado, isto é, que, pouco tempo antes, ele ainda estava vivo. Para que a foto possa ser feita, para que o soldado possa tornar-se um turista como um outro, e o cadáver um suvenir como um outro, basta esquecer o caráter humano de um corpo humano, "negar", como o diz Todorov a respeito precisamente da tortura, "a humanidade do outro". Coisificar o cadáver, por uma operação mental que consiste em banir do espírito o traço comum entre o turista-soldado e o objeto de sua curiosidade fotográfica: fazer dele, exatamente, um objeto destituído da humanidade do corpo, uma carne sem vida, um corpo sem homem. Mas uma operação que consiste ainda em se apoiar em condutas "normais", ordinárias, automáticas (somos tentados a dizer "reflexas", em ligação, precisamente, com o universo fotográfico).

---

[26]. "It was Just: 'Hey! It's a dead guy, it'd be cool to get a photo next to a dead person!'" (GOUREVITCH, P. & MORRIS, E. Op. cit., p. 247).

A operação mental que, portanto, torna esta foto possível é dupla, constituída pela simultaneidade de um recalcamento e de um automatismo. Testemunha-o esta resposta à outra questão colocada por Errol Morris:

> Q. – "Por que você fez sinal de positivo com o polegar, nesta foto?"
> R. – "Eu me comportei exatamente como as crianças, em Bagdá, quando as fotografamos. E porque, toda vez que poso para uma foto, eu não sei o que fazer com as mãos. Então, seja qual for a foto, eu sempre levanto o polegar, só isso... Eu não faço senão imitar as crianças. É algo automático. Como quando alguém tira uma fotografa sua, e você logo esboça um sorriso. Foi exatamente isso, parece-me, que fiz..."[27]

A resposta deve ser refletida: "Comportei-me como as crianças, como as ensinamos a se comportar quando as fotografamos, mesmo as crianças iraquianas, todas as crianças fazem isso. Não fiz senão imitar as crianças, sua inocência diante da câmera – 'Sorria, faça sinal de positivo, não se mexa, olha o passarinho'". "É algo, acrescenta Sabrina, automático, um reflexo infantil, uma conduta ordinária, a mais banal possível."

Não pensar em nada

Comportamentos ordinários, em circunstâncias que não o são; poses de turistas, sobre um fundo de tortura; razões infantis para justificar uma negação de humanidade: Sabrina

---

27. Ibid., p. 75.

Harman seria um monstro, ou uma americana como outra qualquer, imaginando-se turista no Iraque?

Para um começo de resposta a esta questão, voltemos ao que Foucault chamou de "dispositivos", em ação na tomada destes clichês na prisão. Eles ali se fazem presentes na instrumentalidade do equipamento fotográfico à mão dos soldados, no conjunto de condutas que o uso dessa tecnologia desencadeia, nos efeitos de poder que a tecnologia induz, nos laços genealógicos que inscrevem estas imagens em uma memória coletiva e em uma história que as cria, reativadas pelas próprias imagens. A posse e o uso, da parte destes soldados, desta aparelhagem tecnológica – que os diferencia radicalmente de seus antecessores das guerras de ontem – são determinantes, e induzem ao questionamento da "gigantesca acumulação e proliferação de dispositivos (que caracteriza) a fase extrema de desenvolvimento do capitalismo na qual nos encontramos"[28]. Giorgio Agamben vê na noção foucaultiana de "dispositivo" um termo "decisivo", e lhe concede uma extensão considerável, mas salienta, sobretudo, que "os dispositivos de hoje se articulam por processos de subjetivação. As sociedades contemporâneas apresentam-se assim como corpos inertes atravessados por gigantescos processos de dessubjetivação"[29].

Compreende-se melhor, a partir de lá, a metamorfose do soldado em turista, e do turista em torturante, como uma série de "dessubjetivações". Trata-se primeiramente de não pensar em nada, isto é, de não pensar a natureza humana

---

28. AGAMBEN, G. *Qu'est-ce qu'un dispositif?* Paris: Rivages, 2007, p. 33.
29. Ibid., p. 43 e 46.

do outro. Trata-se em seguida de não pensar em nada, isto é, de obedecer aos automatismos. Trata-se enfim de não pensar em nada, isto é, de não reconhecer-se como sujeito agindo, segundo uma modalidade realmente específica.

> Eu não imaginei que iria ter problemas. Eu não pensei que tivesse feito mal algum. Bem, eu fiz fotos, e eu figurava nelas, mas verdadeiramente não pensei que aquilo fizesse parte do ocorrido, e que isso tivesse qualquer importância...[30]

"Sou eu mesma que figuro nestas fotos, mas as fotos não fazem realmente parte daquilo que se passou: eu estava lá, mas ali eu não estava..." O que se produziu em Abou Ghraib deve levar a pensar na complexidade de suas causas e na multiplicidade de seus efeitos, as formas de dessubjetivação ligadas à proliferação dos dispositivos. E em particular a existência proteiforme* do sujeito sob uma forma separada dele mesmo, desafivelada e nômade – eu-foto, eu-vídeo –, estas extensões do eu do qual este poderia, por diversão, se desvincular; e no qual lhe seria possível, alternativamente, escolher reconhecer-se ou não. Breve, é hora de pensar a banalidade do mal à era dos *avatars* [metamorfoses].

Pois reencontramos realmente aqui, sob as formas atenuadas e disseminadas próprias aos dispositivos contemporâneos de dessubjetivação, a questão clássica colocada por Hannah Arendt em seu livro-relatório do processo de Eichmann.

---

30. GOUREVITCH, P. & MORRIS, E. Op. cit., p. 247.
* Que muda de forma frequentemente, se metamorfoseia, como Proteu na mitologia grega [N.T.].

> O dissabor, com Eichmann, é precisamente que havia muitos que se assemelhavam a ele e que não eram nem perversos nem sádicos, e que eram, e são ainda, terrivelmente, espantosamente normais [...]. Esta normalidade era muito mais terrificante que todas as atrocidades reunidas, pois ela supunha que este novo tipo de criminoso, por mais *hostis humani generis* que fosse, cometeu crimes em circunstâncias tais que lhe era, por assim dizer, impossível saber ou sentir que estava praticando o mal[31].

Sabrina Harman não é Adolf Eichmann. Seus crimes não têm nada em comum. Sabrina Harman é uma americana ordinária que preferiu, nas circunstâncias sabidas, não pensar em nada. Eichmann era um funcionário zeloso, o burocrata "excessivamente normal" da solução final. No entanto, acrescenta Arendt, o que caracteriza Eichmann é precisamente o fato de que ele "nunca se deu conta do que fazia, para dizê-lo de forma familiar. É a pura ausência de pensamento [...] que lhe permitiu tornar-se um dos maiores criminosos de sua época. E se aquilo é banal [...] nem por isso pode-se afirmar que é algo ordinário"[32].

A banalidade do mal não torna ordinários os crimes que ela inspira. Mas se percebe as dificuldades de sua qualificação e de sua sanção jurídica. Deste modo, no caso de Abou Ghraib, obviamente condenar os atos que exibem estas fotografias, mas condenar ainda o fato da própria possibilidade de fotografar, e também o fato que "os que assim agiram não

---

31. GOUREVITCH, P. & MORRIS, E. Op. cit., p. 496-498.
32. Ibid., p. 494 e 495. Sobre esse ponto, cf. o comentário de Charlotte Lacoste. Op. cit., p. 391.

vissem nenhum mal em mostrar tais fotografias"[33]. Entretanto, como julgar a ausência de raciocínio? Como sancionar a banalização da banalidade do mal? É lá que importa fazer a genealogia, e determinar as condições de possibilidade desta suspensão do sentido moral. Pois julgar os soldados turistas e torturadores de Abou Ghraib é em igual medida implicar: a necessidade, decretada na cúpula do Estado, de conquistar a vitória na "guerra contra o terrorismo", não importa por quais meios; a aprovação ou o silêncio das mais altas autoridades militares quanto à tortura; a ruptura da cadeia de comando e o medo dos soldados, abandonados a si mesmos em um ambiente hostil; a submissão o mais frequentemente cega à autoridade que reina nas instituições fortemente hierarquizadas...

Aquele processo lá não houve, e não acontecerá; e só estas circunstâncias não bastariam, por outro lado, para prestar conta da concepção destas imagens: esta obedece a uma impulsão genealógica mais antiga e mais profunda, que repercute de outros ecos visuais, alguns próximos, outros mais distantes; alguns explícitos e conscientes, outros realmente mais escondidos na algibeira e nos recônditos recalcados, esquecidos sem sê-lo totalmente, na memória dos americanos ordinários.

Troféus de caça, cliques de guerra, "estranhos frutos"...

Nesta memória, tais fotografias não se limitam a inscrever-se na filiação dos clichês de turistas. Elas se fazem

---

[33]. SONTAG, S. "Regarding..." Op. cit.

igualmente presentes naquela dos *trophy shots*, estas fotografias feitas no encerramento dos torneios de caça. Caçadores uniformizados ali posam, vitoriosos, largo sorriso e polegar erguido, atrás do empilhamento de suas presas abatidas. O pé às vezes apoiado sobre os corpos dos animais. Em tais clichês, que se encontram aos milhares na pintura, e acolhem incontáveis visitantes, a coincidência das poses, dos gestos, do enquadramento, da exposição destes quadros de caça com as fotografias provindas da prisão é total. A memória visual onde as fotos de Abou Ghraib adquirem sentido se inscreve no fundo histórico no qual se desdobra, na América, o vínculo entre a caça e a guerra: a experiência da fronteira e a onipresença da caça na cultura americana das origens, das quais dão testemunho, cada um a seu modo, a literatura nos escritos de Jack London (dentre muitos outros), o romance nacional naqueles de Theodore Roosevelt (*The Winning of the West, 1885-1894*) ou a história ela mesma, tal como a escreve Frederick Jackson Turner (*The Significance of the Frontier in American History,* 1893); em seguida o prolongamento da caça na guerra, que *The Deer Hunter*, de Michael Cimino, ilustra; e, enfim, o prolongamento da guerra na caça, tal como ela se ilustrou particularmente na concessão de troféus pelo corpo do inimigo capturado na ferocidade dos enfrentamentos da Segunda Guerra Mundial no Pacífico, e subsequentemente no Vietnã.

Pois esta memória da profanação da humanidade do inimigo, onde o cerco à caça e o exercício da violência guerreira acabam se confundindo, forneceu às narrativas da Guerra no Pacífico um de seus capítulos mais cruéis, largamente documentado[34]. A banalização destas práticas foi tamanha que, desde 1942, se fizeram necessárias diretivas vindas da cúpula da hierarquia militar americana para tentar coibir tais práticas. Elas ressurgiram, no entanto, tão logo foram deflagradas as operações na Coreia e em seguida no Vietnã. E elas às vezes voltam a assombrar a memória coletiva, lembranças-fantasmas das atrocidades passadas: logo que os soldados americanos voltaram do Vietnã, alguns tentaram carregar consigo clandestinamente crânios de soldados norte-americanos. Estes crânios cobertos de grafitos serviam o mais frequentemente como cinzeiros ou castiçais. Seis crânios foram assim confiscados pela alfândega. Eles caíram no esquecimento, relegados ao fundo de uma gaveta do campus do centro médico dos exércitos Walter Reed em Washington, onde foram recentemente redescobertos[35].

A memória destas profanações é, no entanto, bem menos anedótica, ou subterrânea, do que parece indicar esta longa hibernação burocrática. Ela exerce um papel de primeira linha nas evocações cinematográficas mais recentes da Guerra no Pacífico (*Band of Brothers*, 2011), e constitui uma das passagens obrigatórias desta cultura visual de massa produtora das imagens de guerra da qual os fotógrafos amadores da prisão de Abou Ghraib se fartaram: pode-se doravante

---

34. Cf. esp. AUDOIN-ROUZEAU, S. "Massacres – Le corps et la guerre". In: CORBIN, A.; COURTINE, J.-J. & VIGARELLO, G. Op. cit., p. 281-320. – *Combattre – Une anthropologie historique de la guerre moderne, XIX-XXe siècle.* Paris: Le Seuil, 2008, esp. o capítulo IV. • DOWER, J. *War Without Mercy – Race and Power in the Pacific War.* Nova York: Pantheon Books, 1987, que documenta as atrocidades cometidas de um lado e de outro.
35. ANDREWS, L. "The Bones We Carried". *New York Times*, 22/06/2007.

ter visto a guerra sem jamais tê-la vivido. Exceto que, à hora dos dispositivos tecnológicos próprios às mídias líquidas, a profanação mudou de natureza, e modelos inéditos de violência simbólica tendem a coexistir com as formas antigas de dessacralização do corpo do inimigo: a questão, ao que parece, é menos antecipar troféus sobre cadáveres do que usurpar imagens de humilhação a prisioneiros vivos e vencidos. Não é inofensivo sublinhar que as fotografias de Abou Ghraib vieram a ocupar na genealogia das lembranças guerreiras o lugar que era ontem aquele das orelhas, das falanges, dos escalpos, do ouro dos dentes ou dos ossos esculpidos. Os fetiches também mudaram de natureza: outrora orgânicos e perecíveis, confidenciais ou clandestinos, sua desmaterialização digital lhes garante doravante uma disseminação pública quase ilimitada e desmultiplica seu poder de fabricação da vergonha dos vencidos. Voltarei a esta questão.

Antes disso, no entanto, não se pode ignorar que a evocação destas práticas indica a via, mais antiga e mais obscura, de uma outra genealogia. O clichê de Sabrina Harman, sorriso largo, indicador levantado diante deste cadáver, tem outros precedentes históricos: as imagens ontem numerosas e banais, testemunhos hoje largamente enrustidos do costume que consistia em expedir aos parentes e aos amigos, desde os dois últimos decênios do século XIX até os anos de 1930 aproximadamente, e principalmente no sul dos Estados Unidos, cartões postais de linchamentos[36].

---

36. Houve, entre 1882 e 1968, nos Estados Unidos, 4.730 linchamentos registrados, dos quais 3.440 de negros americanos, e 560 somente no Estado do Texas entre 1882 e 1930. Evidentemente, estamos autorizados a imaginar

Lá ainda a presença destas imagens sob as imagens de Abou Ghraib é evidente nas posições respectivas do corpo das vítimas e daquelas dos algozes no agenciamento das cenas, na expressão alegre dos espectadores celebrando o acontecimento, nas poses triunfantes, na degradação dos corpos. O universo permanece o mesmo, familiar, que o da caça, que a memória coletiva cala e repete, recalca e reativa – que disso ela tenha consciência ou, mais provavelmente, ignore – através das imagens da prisão: o linchamento tinha suas presas, sua caça (de pertença) – estes "frutos estranhos"[37] que pendiam dos galhos das árvores do Sul –, exibida antes e após o enforcamento, o mais frequentemente no final de uma caçada ao homem, suas encenações fotográficas ritualizadas, às vezes acompanhadas da retirada de fragmentos humanos, mexas de cabelos inseridas entre a fotografia e seu quadro, visando à exposição...

A história da fotografia encerra realmente um museu da memória, que fornece os quadros formais e sociais preexistentes ao ateliê fotográfico de Abou Ghraib: composições pré-construídas, prontas a acolher novos figurantes, como se se tratasse para vítimas e algozes de introduzir-se nas praças vazias de encenações que os aguardavam. Um pouco à maneira destas festas populares onde é suficiente fazer aparecer sua

---

que ali houve muito mais casos, e sabe-se que inúmeras destas cenas de linchamento foram objeto de um comércio fotográfico através da edição e da difusão de cartões postais. Sobre este tema cf. a obra essencial: *Without Sanctuary* – Lynching Photography in America. Santa Fé, New Mexico: Twin Palms Publishers, 2008. Sobre a ligação desse episódio histórico com Abou Ghraib, cf. tb. SANTE, L. Op. cit. • SONTAG, S. "Regarding..." Op. cit.

37. *Strange Fruit* era o título de uma música de Billie Holliday, consagrada aos linchamentos, e cantada em 1939 sobre um poema e uma música de 1937 de Abel Meeropol.

cabeça no buraco de uma moldura prevista para este fim. Mas é necessário, a este respeito, dirimir uma ambiguidade: estas representações podem ser fotografias reais e concretas, documentos arquiváveis, bem como representações mentais, traços memoriais de tais imagens. Pois os soldados-fotógrafos da prisão dispunham realmente, antes mesmo de terem colocado o pé em solo iraquiano, do cenário visual de sua fantasmagoria macabra. Restava ainda dispor de meios tecnológicos apropriados e aproveitar das circunstâncias propícias, quando se afrouxam, por exemplo, na prova guerreira, as normas que, em tempo ordinário, emolduram os reaparecimentos da violência. Restava enfim não pensar em nada. Eis, provavelmente, como foram "inventadas" as fotografias de Abou Ghraib.

A América viril

Alguma coisa, no entanto, falta ainda na genealogia destas representações: elas se servem massivamente da imagética pornografia[38], como os códigos da virilidade permitem prevê-lo em grupos pertencendo à instituição militar, confinados em ambiente hostil, onde reina a dominação masculina. Se a inspiração pornográfica das imagens é evidente, a pornografia como dispositivo exerceu um papel mais complexo e mais brutal que o de um simples mimetismo de filme X. Os soldados tinham à sua disposição um manual de regras de humanidade e de cortesia a ser respeitado no tratamento de prisioneiros masculinos e muçulmanos. Eles sistematicamente o inverteram, multiplicando as formas e as ocasiões

---

[38]. BRISON, S.J. "Torture, or 'Good Old American Pornography'?" *The Chronicle of Higher Education*, 04/06/2004.

da administração da humilhação. E nesta fabricação da vergonha, o dispositivo fotográfico exerceu um papel essencial de "desvirilização", destinado a enfraquecer a resistência aos interrogatórios de prisioneiros que se sabiam e se viam fotografados em posturas de submissão sexual. Abou Ghraib permanece um dos exemplos mais espetaculares do exercício de um "poder pornográfico", não simplesmente como registro de imagens degradantes, mas como forma mesma de tortura, se a tortura possui realmente a dimensão de ser "a conversão de um sofrimento extremo em espetáculo de poder absoluto"[39]. Deste ponto de vista, a relação entre "o espetáculo do poder absoluto" do qual Abou Ghraib foi o teatro macabro e aquilo que se denomina *snuff movies* é genealogicamente algo óbvio, seja qual for o grau de realidade que se atribua a estes filmes que conjugam pornografia e tortura.

Mas o mais inquietante reside talvez alhures, menos nos excessos sobrevindos na prisão iraquiana, nos quais se vê também como eles dependem da guerra, e de suas circunstâncias, do que das tendências mais difusas que atravessam e constituem a cultura visual das democracias no Ocidente, e que forneceram o estoque de representações cuja cristalização engendrou as imagens da prisão. Não se trata mais de "cultura de guerra", desta vez, mas do simples regime de "cruzeiro" da cultura de massa no ordinário de nossas existências "pacificadas". Uma dupla tendência me parece desenhar-se ali, se optamos por nos perguntar a que a excepcionalidade de Abou Ghraib pode realmente corresponder nos fluxos cotidianos das imagens de nossa cultura visual. Uma primeira tendência

---

39. SCARRY, E. *The Body in Pain* – The Making and Unmaking of the World. [s.l.]: Oxford University Press, 1985, p. 27.

me parece ser aquela que torna a querer fazer da brutalidade, ou da crueldade, diversões: assim, sob uma forma extremamente difusa, trata-se de brincadeiras procedendo por eliminação dos "anéis fracos de uma corrente"; ou realmente, em doses mais concentradas, de séries televisivas posteriores ao 11 de setembro e banalizando o uso da tortura (24 *horas chrono*); bem como da tolerabilidade tentada pela reprodução das experiências de Milgram sobre a submissão à autoridade; assim, enfim, das práticas aleatórias de *happy slapping*, atos de brutalidade perpetrados nas ruas e nos encontros combinados por celular, e propiciados pelos instrumentos da cultura de massa, que ao que tudo indica Abou Ghraib nos ofereceu a primeira versão militar.

A segunda tendência seria aquela, outrora sublinhada por Castoriadis, de uma "escalada da insignificância" ligada às formas de atomização de uma sociedade de onde se ausentam as mediações, e onde os sujeitos se encontram situados sempre mais frontalmente em face à proliferação dos dispositivos que os circundam: da mesma maneira que os indivíduos anônimos registram e transmitem dia e noite a insignificância reduzida de suas distrações, os soldados enclausurados na prisão têm a redução minuciosa de suas atrocidades. A crueldade em divertimento, a apologia da insignificância, uma cultura do descaramento: é bem possível que os aspectos mais perturbadores das fotografias de Abou Ghraib residam no fato de que estas imagens longínquas de uma guerra estrangeira, cujos ecos não nos chegam senão enfraquecidos, possam nos parecer em geral tão estranhamente próximas, e que a inquietação que elas despertam nos seja tão familiar.

CULTURAL

Administração
Antropologia
Biografias
Comunicação
Dinâmicas e Jogos
Ecologia e Meio Ambiente
Educação e Pedagogia
Filosofia
História
Letras e Literatura
Obras de referência
Política
Psicologia
Saúde e Nutrição
Serviço Social e Trabalho
Sociologia

CATEQUÉTICO PASTORAL

Catequese
  Geral
  Crisma
  Primeira Eucaristia

  Pastoral
    Geral
    Sacramental
    Familiar
    Social
    Ensino Religioso Escolar

TEOLÓGICO ESPIRITUAL

Biografias
Devocionários
Espiritualidade e Mística
Espiritualidade Mariana
Franciscanismo
Autoconhecimento
Liturgia
Obras de referência
Sagrada Escritura e Livros Apócrifos

Teologia
  Bíblica
  Histórica
  Prática
  Sistemática

VOZES NOBILIS

Uma linha editorial especial, com importantes autores, alto valor agregado e qualidade superior.

REVISTAS

Concilium
Estudos Bíblicos
Grande Sinal
REB (Revista Eclesiástica Brasileira)

VOZES DE BOLSO

Obras clássicas de Ciências Humanas em formato de bolso.

PRODUTOS SAZONAIS

Folhinha do Sagrado Coração de Jesus
Calendário de mesa do Sagrado Coração de Jesus
Agenda do Sagrado Coração de Jesus
Almanaque Santo Antônio
Agendinha
Diário Vozes
Meditações para o dia a dia
Encontro diário com Deus
Guia Litúrgico

CADASTRE-SE
www.vozes.com.br

EDITORA VOZES LTDA.
Rua Frei Luís, 100 – Centro – Cep 25689-900 – Petrópolis, RJ
Tel.: (24) 2233-9000 – Fax: (24) 2231-4676 – E-mail: vendas@vozes.com.br

UNIDADES NO BRASIL: Belo Horizonte, MG – Brasília, DF – Campinas, SP – Cuiabá, MT
Curitiba, PR – Fortaleza, CE – Goiânia, GO – Juiz de Fora, MG
Manaus, AM – Petrópolis, RJ – Porto Alegre, RS – Recife, PE – Rio de Janeiro, RJ
Salvador, BA – São Paulo, SP